湛庐文化
Cheers Publishing

知识让世界更简单！

销售时机

[美] 约翰·罗森（John Rosen）
安娜玛利亚·图拉诺（AnnaMaria Turano）◎著
胡晨飞◎译

中国人民大学出版社
·北京·

目录

STOPWATCH MARKETING

第一部分

时机，销售中最重要的因素

第1章 时间就是商机 /3

第2章 抢占商机，从定位顾客购物类型开始 /16

第二部分

辨识四大购物类型，抓住销售时机

第3章 冲动型购物：快速出击 /31

第4章 消遣型购物：越多时间，越多金钱 /57

第5章 被迫型购物：抓住决定性时刻 /89

第6章 谨慎型购物：给他想要的完美一切 /119

第三部分

把握销售时机的四大步骤

第7章 测算购物时间，精准锁定顾客群体 /147

第8章 分析连续购物时段，整合营销 /197

第9章 倒计时预算，配置营销资源 /217

第10章 确定销售时机节点，制胜出击 /237

STOPWATCH MARKETING

第一部分
时机，销售中最重要的因素

“我们应当把时间当做一种工具，而不是一根拐杖。”

约翰·肯尼迪

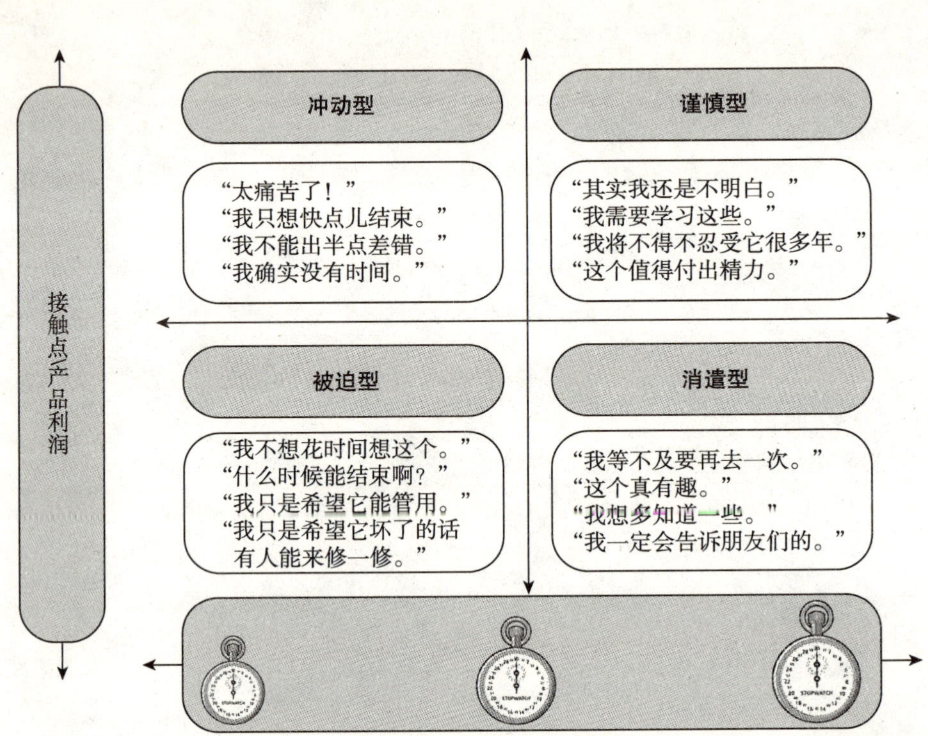

购物矩阵：消费者语言示例

第1章 STOPWATCH MARKETING 时间就是商机

- 时间并非金钱，却远比金钱更重要。
- 如果信息提供能以一种令人愉悦而享受的方式进行，那么人们将乐意为此付出更多时间。
- 以时间抢占商机、扩大利润，是成功营销的关键所在。

这是不是你所花费的时间：几年、有时甚至几十年，用来掌握产品或者服务价值的宣传技巧？这是不是你所花费的时间：几个月，用来计划如何推出能够让你不断取胜的新产品？或者是几百个小时，用来进行焦点小组座谈，或者制作一沓沓无疾而终的宣传广告单？你夜以继日地完善着数据信息，然而当时间一点一点地向产品面市的最终时刻靠近时，你也会一遍又一遍地质疑，自己是否真的已经蓄势待发。或许你还想要多一天的准备时间，又或许你已经等不及下一秒的到来。

时间就是商机。

实际上，此时的你已然置身一场充满希望的交易之中——用你与同事的时间，换取他人几分钟、几小时或者几天的时间。这里的他人就是指你的目标顾客：你的商机正握在他们手中。

但是，你如何知道他们是否乐意与你交换时间？如何知道他们是否有时间听你推销？又如何知道他们是否愿意花时间被你推销呢？最为重要的是，他们会给你多少时间进行推销？

本书的宗旨，正在于回答“多少时间”这一关键性问题，同时教会你如何以时间抢占商机、扩大利润。

- 美国全食超市（Whole Foods Market）如何成功地赢得消费者的认可，让他们愿意在一周当中的某一天里，花上几个小时尽情享受超市之乐；而同样是这些消费者，在一周的其他六天里，只要一进到传统超市里就恨不得马上出来？
- 固特异的营销策略如何、为什么采用了三维“霸力齿”技术的安殊轮（Assurance）能够在消费者光顾轮胎商店时抓住瞬间的机会，捕捉顾客的消费心理？
- 为什么讨价还价的不愉快，到了丰田－雷克萨斯的经销点却摇身一变让人身心愉悦？
- 微软又是如何找到方法，让消费者不在比较各个品牌时徘徊不定、犹豫不决？

在购物时，每个消费者手中都似乎握有一块秒表，在对购物时间进行计时。**本书的核心观点就是，商品营销与消费者手中潜在的购物秒表息息相关。如何拨慢秒表指针（正如全食超市做到的）或者干脆让秒表停走（比如微软），以此完成销售过程，这是摆在每个市场营销人员面前的关键问题。**

蓝女士与绿先生

例如，首先假设你的营销策略定位在“大学毕业，双收入家庭，年龄介于28~44岁之间，拥有2~4个14岁以下的子女，家庭收入跻身社会前20%，居于郊区”的人群。

现在进一步假设，在克利夫兰市（Cleveland）有两个符合上述营销定位的家庭。两个家庭各拥有一幢房子，分别粉饰成了蓝色和浅绿色。每幢房子各有四间卧室、两间半浴室、一块修剪整齐的草坪，以及一个车库。每间车库里各有一辆小型货车和一辆低端跑车。这两家人极为相像，如果把两幢房子里的四个大人与五个孩子随意组合，你将很难分辨出谁和谁是一家人。他们长得相像、穿得相像，甚至行为举止都极为相像。

假设现在每家各有一个大人正在计划一次周末的华盛顿之行，需要预定往返机票（包括从家到机场的往返交通）、住宿酒店、到达华盛顿当晚的晚餐和肯尼迪艺术中心的表演门票等。

由此，两家的相像之处开始消失。

我们把蓝色房子的女主人称做蓝女士，她要去华盛顿出差。因此，她所有关于行程的安排将不会考虑娱乐休闲的因素，并且时间非常紧迫——在出发前只有24小时的准备时间。蓝女士一边记录着公司为她安排的航班、酒店、租车行、饭店，一边收拾行李、打包与客户会谈所需穿着的正装以及陪客户娱乐的休闲装。

与此同时，另一幢房子里的绿先生正坐在计算机前，提前两个月筹划前往华盛顿的家庭旅行。他的左手边堆着一摞翻烂的旅行指南，右手边是《消费者导报》（*Consumer Reports*）上关于连锁酒店的排行榜。通过钟爱的在线旅行网站Orbitz.com，绿先生搜索到31家符合其要求的酒店。在这31家酒店中，有9家可以在线虚拟体验客房住宿，这让绿先生可以轻松地在一间套房与两间双人房之间做出选择。此外，以往的旅行经验帮助他排除掉了两家酒店，尽管他还是其中一家酒店的会员。租车的选择就复杂多了，以至于绿先生特意建立了一个Excel表格以计算租4天和租一周哪个更划算。

至此，蓝女士和绿先生一家看似成为了两类截然不同的消费者，然而事实真是如此吗？

最终，他们却住进了华盛顿的同一家酒店，租了同一家车行的车。虽然他们没有选择相同的饭店就餐，那也仅仅是因为客户与孩子们的不同需求所致。

六个月后，蓝女士开始筹划自己的家庭旅行。这次，她不再像上次出差那样草草地安排一切，而是和绿先生一样仔细地研究比较各种酒店、饭店、租车行等。

像蓝女士和绿先生这样的消费者，他们在购买其他商品的时候又会如何选择呢？比如购买一件价格不菲、使用期四五年的耐用型商品——停在车库里的低端跑车，绿先生仅仅用两个小时就结束了购物，当天上午就把车开回了家，而蓝女士则是在试开过五款车、花六个月等到自己满意的颜色和型号之后才最终买下了车子。

上述蓝、绿两家的虚拟消费行为，是当代消费行为的典型代表。但是，现实的情况要更加复杂多变。试想，把蓝女士和绿先生表现出的所有行为模式乘上数以亿计的美国家庭数量，你将面对怎样一个数字？而这个庞大的数字，正是美国所有商业企业都需要面对的市场营销挑战。因此，在今天，消费模式无关消费群体的收入状况、教育背景以及政治倾向，而只在于时间。如果你试图说服绿先生入住你的酒店，你就必须在他做决定前，提前数周、数月，甚至数年对他进行相关宣传。如果你想要租车给蓝女士，你就不能浪费她一秒钟的时间。

这是一个科技高速发展的时代，从商品条形码到电话推销再到直邮广告，从可收到500个频道的有线电视网络到宽带互联网，每一项技术的诞生都在改变着商业运作的模式。但是，自从火种的发现让人类在夜晚也可以照常活动开始，商品营销至关重要的一点就是亘古不变的——从理论上讲，顾客能够用于购买商品的时间始终都变化不大，电视广告的出现对于实际购物时间的影响也是微乎其微的；真正发生变化的是这段时间里出现的信息量的多少，以及控制这段购物时间的方式。如今的消费者和他们的祖辈们相比，没有多花一点儿时间排队等着结账，但是，他们可以排的队伍却要多得多。所以，如果队伍移动速度没有他们想象得那么快，他们一定会毫不犹豫地站到另外一队。

时间就是商机

如果想在今天的消费市场赢得商机，你就必须在传统的4P（价格、产品、促销与渠道）之外，为你的顾客提供更多；你必须尽量减少排队等待的时间，悄无声息地潜入客户的意识里；你必须与顾客步调一致、适时介入；你必须赶在对方看“表”，考虑是不是要购买之前，及时给予他们期望的东西，以免他们转向你的竞争对手；你必须控制向顾客进行推销的时间，最好不要超过顾客打算用来听你推销的时间。

总之，适时拨停消费者手中的秒表，则需要掌握一系列我们称之为秒表营销的策略。

俘获搜索型消费者，领跑信息时代

以“现代营销学之父”菲利普·科特勒为代表的营销巨头们普遍认为，品牌从本质上代表着一种承诺。本书自然也不例外，你现在拿在手上的这本书，同样可以给你以承诺。**我们保证，本书将为你展示如何分析、评估、挖掘每一位消费者的购物时间，帮助你掌握如何估算消费者用来研究相关产品与服务的时间，同时教会你如何使自己的品牌在逐年增多的购物选择中成为消费者的绝对首选。**

在当今的消费市场中，品牌效应正日渐减弱。从1975年到2000年，坚持购买知名品牌的消费者数量下降了四分之一。如今，一辈子只开雪佛兰，只买索尼电视，只喝胡椒博士（Dr Pepper），只穿李维斯的人越来越少。

造成品牌效应减弱最可能的原因，在于日益增多的购物选择与产品信息。但是，消费者可以用来挑选商品的时间却是固定不变的。这不是选四季宝（Skippy）还是杰夫花生酱（Jif）这样简单的问题。如今，美国超市平均在架货品超过3万种；一家巴诺实体书店的藏书量为9万册，而其网上书目更是高达上百万种[①]。

面对空前繁多的购物选择，消费者需要寻求帮助，产品广告商更是倾其所能地提供帮助。

> 1985年的时候，一位消费者平均每天收到650条商品营销信息；而今天，这一数字攀升至3 000条。如此高密度的信息流，必然会导致消费者注意力的分散。1980年的时候，一个时长30秒、非收视高峰期的电视广告，就可以为其产品赢得近80%的目标购买者；而今天，庞大的有线电视网络带给电视观众多出10倍的频道选择，因此即使你的广告在黄金时段播上100个30秒，都未必能为你的产品赢来80%的目标购买者。

我们不得不说，大量唾手可得的购物选择，使21世纪的美国营销市场变得非常复杂。尤其是在西尔斯－罗巴克（Sears Roebuck）以及蒙哥马利－沃德（Montgomery Ward）所提供的商品邮购目录就足以代表商品市场现状的今天，消费者的购物时间进一步缩减，而市场营销人员所面临的挑战也就

① 克里斯·安德森（Chris Anderson）在《长尾理论》（*The Long Tail*）一书中指出，一份对于120万种出版物的相关调查显示，在某一给定年份，超过3/4的出版物总销量尚不及100本。——作者注

显得更加艰巨。

从18世纪的亚当·斯密到21世纪的西奥多·莱维特（Theodore Levitt）①，学术圈一直在关注这样一个问题：**市场营销中，产品和顾客究竟哪个享有优先权。**

时间就是商机

我们认为，消费行为在不同程度上依赖于产品和购物场合；而每一件产品、每一个购物场合背后却拥有不同购物类型、持不同购物秒表的消费群体。

互联网时代信息的高度普及，使产品实现获取忠实顾客的目标变得日益艰难。从没有一个时代可以和今天相提并论，商家占用顾客购物时间的支出何其高昂，而放弃这一时间又何其危险。

上述事实并非主观臆断。关于供求关系的基础经济学告诉我们，当商品的供应量增加，其价格必然下降。即使非基础性的经济学也告诉我们，当对某些商品的需求弹性增大时，任何东西都不会变得更加昂贵，因为它更容易获取。**过去20年中，不仅有关产品价格、特色以及可获性的信息呈爆炸性增长，同时获取信息的容易程度也前所未有地增强。**

任何一个能登录互联网的美国人（美国1.47亿成年人口中，接近8 500万人口拥有宽带网络）都只需要敲几下键盘，就能轻松地查找到从小提琴、沙发床、儿童玩具、厨房用品到其他成千上万种产品的价格以及特色。他们可以通过网络找到相对客观的产品评价、价格对比以及配

① 西奥多·莱维特（1925—2006），现代营销学奠基人之一。——译者注

> 送信息等；还可以通过认为满意或是不满意的顾客评论得到对商品经销商的评价；甚至可以通过网络获取新款汽车的相关评论，查看二手商品的价格索引，研究美国政府的撞击测试结果及新车和二手车的最大里程数。在互联网时代，1 小时之内，一位圣迭戈（San Diego）的女性即可为其 1964 年产的名爵（MG）跑车找到在德卢斯市（Duluth）[①] 销售的可供替换的换挡手柄；花 1 分钟买下手柄；1 天之内即可发货。

人类历史上，从没有哪个时代的消费者是在拥有如此之多产品信息的基础上，做出一个购买决定的。

人们对于趋势变化的假设呈现出线性：如果有了就很好，那么更多一定会更好。如此，描述信息可获性与信息成本之间关系的图形就是一条直线，如图 1—1 所示。

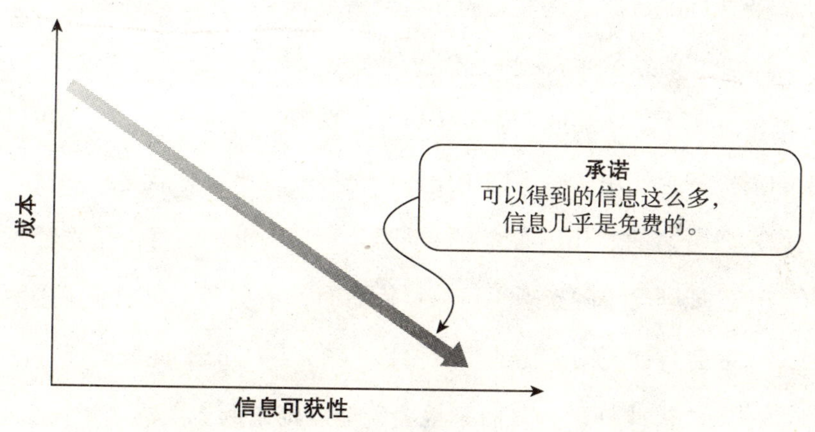

图 1—1　信息：信息可获性与成本的线性关系假设

随着信息量增大，每单位信息成本随之下降……永远都是这样。

但是，上述二者的关系实际呈现图 1—2 所示的 U 形曲线。

① 美国明尼苏达州东北部工业城市。——译者注

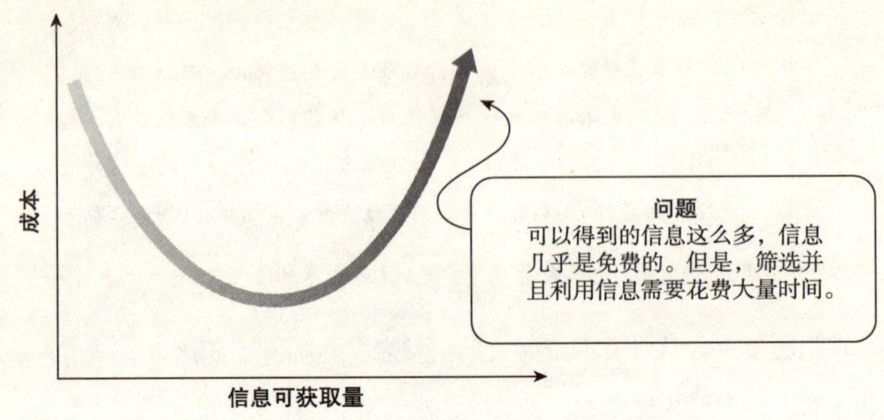

图 1—2　信息：信息可获性与成本实际呈现 U 形曲线关系

随着信息量增大，每单位有用信息的成本随之上升。

信息获取的日益便利化，导致信息成本出现暂时性下降。但是从某种角度讲，需要处理的数据量是惊人的。在网络世界中，信息获取的最大成本来自于时间消耗。信息量增大，筛选信息的时间变长，信息成本也就随之增加。为了控制信息成本，产品或者服务（汽车、保险、酒店房间、悬疑小说、金枪鱼）的消费者会使用一些规则（用一个奇妙的词来描述就是“算法”）。有时，就像这条著名的“让用餐者在单词含有字母‘R’的月份里吃牡蛎”规则一样，这些规则简单随意唾手可得；而有时，消费者（或者受规则圈定的受影响的人）会自创规则，比如，罗伯特·帕克（Robert Parker）著名的 100 分制红酒评级法；此外，有时商家也会创造规则，例如美国电影协会（The Motion Picture Association of America）评定电影等级的方法。

这些规则极为有效。实际上，它们往往被称做省时规则。那么，如果使用这种省时规则本身能够成为一种愉悦的享受，结果又将怎样？

1961 年，芝加哥大学未来的诺贝尔经济学奖得主乔治·斯蒂格勒（George

Stigler)[①]，撰文阐述了两类差别显著的消费者：搜索型（searchers）与非搜索型（non-searchers）消费者——前者试图找出最佳商家（或顾客），而后者则无此种期望。斯蒂格勒认为：

> 对于消费者而言，这一搜索成本与其可获取的商家总数成正比，而主要成本正在于时间……对于绝大多数人而言，搜索、消化信息并不是一件轻松惬意的事情，如果信息提供能以一种令人愉悦而享受的方式进行，那么人们将乐意为此付出更多时间。

斯蒂格勒的这篇文章，回溯历史、论证有力，开创了一代学术先河。此后的数十年间，学术圈一直致力于搜索型消费行为重要性的研究。在线搜索引擎谷歌的成功运作，就是对斯蒂格勒理论的最新注解：通过创建搜索项与相关广告间的链接，谷歌一方面以节省购物时间的方式向用户提供其服务价值，同时以被点击次数为依据向广告商收取费用；另一方面，谷歌实际上创造了一个令广告商们愤起竞争的关键词市场。

有关购买（一般人称为购物）前信息搜索的价值，看起来是一个仁者见仁智者见智的问题。有人喜欢一直在购物；同时，每个人都喜欢偶尔去购物。有时，购物（搜索商品信息）只需花几分钟的时间却仍嫌太长；有时，购物过程虽然会持续数月，但购物者却仍然不希望终止这一过程。

过去25年中，通过帮助客户劝说消费者购买商品——从进口的纯天然亚洲果蔬汁到共同基金、汽车零部件，我们切实学会了应用斯蒂格勒及其麾下营销学大师们的营销理念。

---

① 乔治·斯蒂格勒（1911—1991），1982年获诺贝尔经济学奖。——译者注

| 时间，远比金钱更重要 |

20 年前，管理学家迈克尔·波特（Michael Porter）更加详细地为我们描述了这一现象。他注意到，**商家为购买者创造价值的两种途径之一，是降低购买者的购买成本，并且指出其中的一项成本是花费在购物上的时间**。在最短的时间内提供最大化的有效信息——产品价值的有效信号（品牌、设计特色、材料质地等），比如零度以下（Sub-Zero）对其价值 1 万美金的冰箱的宣传是如此重要，以至于波特这样形容道：

> “如果一家公司拥有二流的产品但却拥有一流的宣传，那么这家公司的产品卖价，完全可能超过一家拥有一流产品但却只有二流宣传的公司。”

艾智仁（Armen Alchian）与威廉·艾伦（William Allen）提出，当顾客承担了较高的商品固定成本时，他们会更愿意选择较贵的商品，这就是著名的“艾智仁 – 艾伦定理”（Alchian and Allen Theorem）[①]。该定理指出，从加利福尼亚到纽约，运送优质葡萄与普通葡萄的成本相当。同时，优质葡萄与普通葡萄之间的价格差会随销售地域的拉远而缩小。因此，即使绝对价格更高，优质葡萄在纽约的销量也将高于加利福尼亚。该理论在人们随后的研究中不断得到证实。此处的成本，比如生产成本中的成本，只是商品价格的一个构成部分，或者仅仅是指运输成本。**而我们确信，购物距离、购物频率、商品熟悉度、商品独特性以及最重要的时间，都是营销者必须考虑的关键性因素，因为它们同样也是消费者考虑的关键性因素。**

① 该定理的主要观点为：当同等的附加费用被加在两个相近的产品价格上的时候，消费者将增加对质量较高的产品的相对消费量。于是，相对优质的产品往往被运往其他地方销售或者出口。——译者注

最后，作为对本书秒表营销基本观点的重申与强调——**购物时间是拉动销售量与利润的关键性可变因素，我们必须谨记，这个论点的反命题也同样成立。**例如，从西雅图前往奥兰多的游客，肯定会比从迈阿密或者亚特兰大前往奥兰多的游客，对迪士尼乐园中的糖果甜品抵制力更小。

时间就是商机

花费更多的时间就会减小对价格更高商品的抵制。把营销的人力、物力从顾客花费较少时间购物的地区转向顾客花费较多时间购物的地区，会对利润产生巨大影响。

在本书接下来的章节里，我们所要探讨的正是这样一个问题——**时间并非金钱，却远比金钱更重要。**

第2章 STOPWATCH MARKETING

抢占商机，从定位顾客购物类型开始

- 一个消费者所处的购物象限会随着环境、购物行为以及情绪的不同而改变。
- 享受型消费者从购物中得到商品价值，实用型消费者从拥有中得到商品价值。
- 成功的营销者将接触点作为营销捷径：缩短从未形成需求到最终购买的路径。

在最近的畅销书《眨眼之间》（*Blink*）里，马尔科姆·格拉德威尔（Malcolm Gladwell）有关快速认知的“智力冒险故事”，揭示了区区几秒钟内成千上万种决定的形成。**格拉德威尔认为，决定往往形成于2秒之间**。他在书中列举了大量与购买决定相关的案例，这些案例证明，许多商品交易决定均建立在几秒钟的有益信息收集之上，并且也理应如此。

无论是《眨眼之间》里的例证，还是从我们自身的经验出发，消费者通常都会把自己的购买过程当做一种享受，而不计做出这一购买决定的用时长短。这里请注意，我们提到的是通常而非始终。而其中始终不变的一点在于，消费者做决定的过程是和时间密切相关的，同时时间又是由消费者掌控的，无论这种掌控是间接的还是直接的。这里，时间与衡量其本身的工具一样，属于一个始终存在的常量。

从接触点到捕捉点

现在假设存在一块购物秒表。不，最好假设这样的秒表有100块，甚至是1 000块。假设每块秒表均由一位潜在消费者持有，有些秒表转速快，有些慢，有些则停着。

我们用秒表测算时间，购物秒表也不例外，只是它测算的时间范围更加微小。这只秒表转速越慢，持有它的消费者就越愿意花费时间与精力购买某一特定商品，而这也就意味着，营销者有更多的机会影响并且最终俘获消费者的最终购买决心。

无论营销者采取直接或者间接的营销策略，所有成功的营销者无疑都注意到了这块购物秒表的存在。**这块秒表，不仅可以显示出消费者愿意花费在购买决定上的时间，还可以显示出企业通过营销组合影响消费者购买决定的能力。**我们发现，这块秒表极具能量，它能够反映出任何一个购买决定背后的动态过程，因为我们手中的任何一块购物秒表都可以通过数种方式获得增速或者减速，在能够施加影响的整段时间内吸引消费者的注意力。这些加速和减速秒表无疑形成了专业营销人员所钟爱的**接触点（touchpoint），即一位潜在消费者与一件产品之间的每一个互动点。但是，消费者与产品之间的互动，对于营销而言并无太多实际意义。**这就好比，虽然把车停在一辆丰田塞纳旁边可以算作一个接触点，但却并不意味着这样就可以卖出更多的小型货车。**为了改变消费行为，接触点需要将需求引入另一区域——捕捉点（catchpoint）。只有到达该点，购物者才能真正成为消费者。**

> 当一位媒体广告商买下当地电台一周的点播清单时，他一定计算过了其目标消费群的购物秒表转速；而当一位零售商宣布上调价格，或者当一位营销经理决定实施品牌扩展战略时，他们已然将营销的接触点与捕捉点内化进了购物者的购物秒表。

即使营销者并不使用购物秒表这一术语，但是研究者们长期以来就是根据购物秒表的不同类型对消费者加以区分的。他们把消费者分为享受型（hedonistic）与实用型（utilitarian）两大类——前者从购物中得到商品价值，后者则从拥有中得到商品价值。但是，这个享受－实用模型并不实用，主要是因为以下两个原因：

第一，根据我们的经验，消费者并非原地不动。还记得蓝女士和绿先生吗？贴上“消费者”而不是“消费”的标签，虽然问题得到了极大简化，但简化的模型却并不适用于真实的买卖环境。

在指定的任意一天里、任意生命周期内、任意经济环境下，消费者个体表现出的购物行为，都与上述因循守旧模型所呈现的状态大相径庭，而作为营销人员的我们往往自认为非常了解消费者。同样的一个消费者，在不同时间、不同心情、面对不同商品时，其所使用的购物秒表并不相同。只是这种不同并不为消费者自己所察觉，因而也并非消费者刻意为之。长期以来对于市场营销人员的抱怨——支离破碎的媒体宣传、时间的贫乏、注意力的分散，这些都像是在用另一种方式重复着同一个问题，“他们为什么不停在原地？!”这个可预见的答案正在于消费者而非消费的因素。

第二，我们是市场营销人员，而非社会心理学家；我们的目的是帮助商家获取最大化的利润，而不是帮助购物者理解其行为动机。秒表营销模型则可以将高利润与低利润的营销同高时间价值与低时间价值的购买相比对。企业受限于他们所能担负的接触点及捕捉点数量，同时也受限于购物秒表的应用维度及转速。为了将斯蒂格勒的洞见应用于一个特定的企业，而不是仅仅笼统地应用于整个经济环境，我们需要研究的远不止这两类消费者。实际上，本书中我们用到的这个最强大的矩阵模型，包含了四个不同的象限。

| 构建购物矩阵 |

欢迎来到我们的矩阵。

依据消费行为划分消费群体的方式并不新奇，常见的分类包括：

- 基本型购物者（Basic shopper）：他们按照必需品、购物便捷度的次序进行购物；
- 冷漠型购物者（Apathetic shopper）：他们缺少对于购物方方面面的兴趣；
- 目的地型购物者（Destination shopper）：商业街、超市、量贩都可以构成他们的购物理由，而购物地是否便捷、商品是否为名牌则无关紧要；
- 狂热型购物者（Enthusiast shopper）：他们是目的地型购物者的翻版与升级，可以为了同一只手袋，花几天的时间逛十几个商场。

美国的市场营销人员，投入了上千万美元的资金进行数据分析，希望借此揭示形成消费决策的神奇公式。这些分类系统，无论是以心理测量结果分类（例如跻身斯坦福研究中心的成就者），还是以行政区划分类（比如克拉瑞塔斯公司对于大众帕萨特“黄金海岸”车型的研究），无疑都是逻辑上强大而理论上存在致命缺陷：消费者总是或多或少被别扭地归入某一类别。以往人们对这一分类体系优点的陈述已经非常全面，这里就不再重复了；但是对于其缺陷却少有人谈及。毕竟，对于消费者的分类，并不像对于消费的分类那样简单。

我们在公司[①]设计出一种模型，通过两个轴向测算消费，而不是消费者：**横轴表示消费者愿意花费时间购买某一产品或服务的倾向性；纵轴代表该产品或服务的净利润**。因为营销资源最终必然构成公司毛利的一个部分，所以它们决定着营销中接触点与捕捉点的质量与数量——销售产品或者服务时的可用资源。这一模型将购物类型分成易于理解的几个类型，如此一来，营销人员就可以根据细分类型制定营销策略，我们将其称为营销类型。

在这一模型中，商品交易活动往往落在构成矩阵的四个象限的某个象限内。在某个象限内，我们将低利润产品或服务和购物意愿较弱的消费者组合在一起，其他的是低利润率和强购物意愿组合、高利润率和弱购物意愿组合，以及高利润率和强购物意愿组合。当然，既然大家都是深得包装要义的营销人员，此处我们就不再对如下四类购物象限的名称大加粉饰了：

少量接触点 + 低利润率 / 快速秒表 = 被迫型购物

大量接触点 + 高利润率 / 快速秒表 = 冲动型购物

少量接触点 + 低利润率 / 慢速秒表 = 消遣型购物

大量接触点 + 高利润率 / 慢速秒表 = 谨慎型购物

如图 2—1 所示，我们将引用一些简洁明了的产品或服务作为例子，分别阐明上述四个象限内的典型消费行为。

---

① 指本书两位作者所任职的营销咨询公司 MCAworks。——译者注

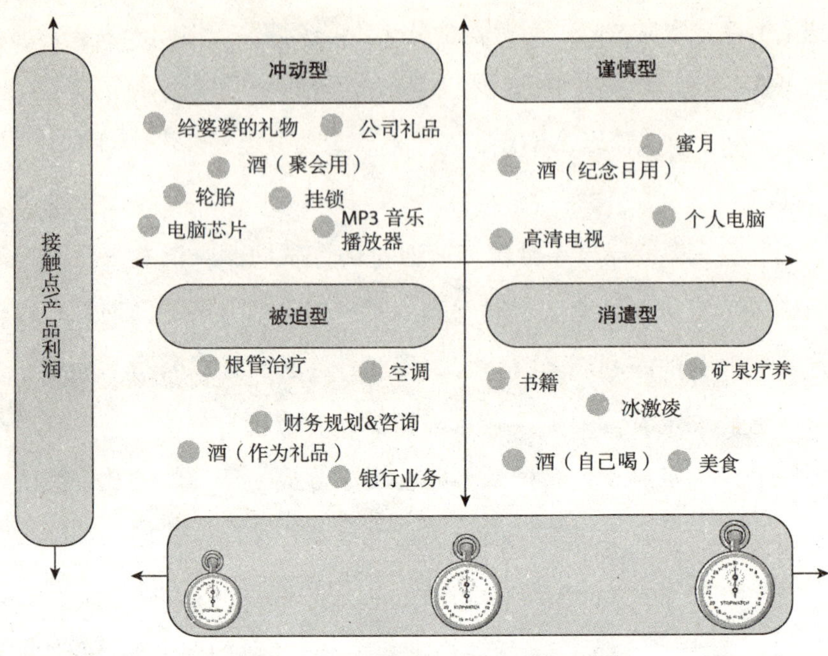

图 2—1　购物矩阵：产品与服务示例

以被迫型购物象限内的空调为例。购买一台新空调，特别是中央空调，这种行为往往出自被迫型消费者。他们并非空调专家，购物时间通常极为短暂（此类消费者的购物秒表转速极快），其购物行为常常源于突发事件，比如正值八月的炎炎夏日，空调突然坏了！此外，这里还存在少量接触点：几乎可以肯定，此类消费者的居所附近，一定有很多方便到达、光线适度、装潢舒适的星巴克，而不是中央空调卖场。

你知道他们的购物类型吗

了解你的消费者在购物矩阵中的真实坐标——他们的购物类型，是决定

你的营销成功与否的关键。某些产品的消费者，仅占据单一购物象限内相当小的一部分；另一些消费者则横跨多个象限，比如蓝、绿两家。一般而言，大部分商家都会发现，他们最重要的客户的行为往往都集中体现在某一个购物象限内。当然，即使是最勉强的购物行为，对于小部分购物者而言，也是一种愉悦的经历。这恰恰提醒了我们至关重要的一点：在理解和使用上述购物矩阵时，我们必须明白，**一个消费者所处的购物象限是随着环境（八月空调坏了）、购物行为（我不属于比较购物的类型）以及情绪（我年龄太大了，所以住自己的房子已经习惯了）的不同而改变的。**后文中，我们还将为你提供一些相关的市场调研技巧；这里，我们只是用图 2—2 对此加以解释。

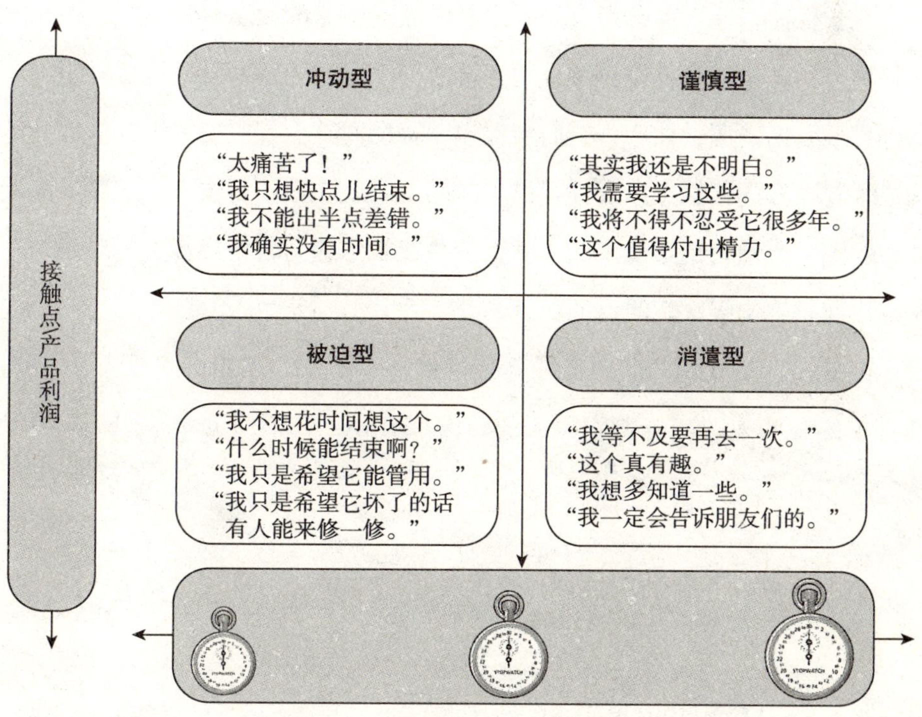

图 2—2　购物矩阵：消费者语言示例

本书的主旨可以概括为，“**如何将你的营销策略与顾客的购物类型相匹配**”。而本书购物矩阵中的横纵两轴，正是跟踪了“掌控时间，把握顾客”两种动态变化：

- 横坐标表示购物者投入时间与精力搜集产品或服务信息的意愿，即购物类型；
- 纵坐标表示在将购物者转变为消费者时可用的营销资源 商家依靠利润率提供资金支持，以此建立接触点——这些接触点就是指与消费者交流沟通的渠道，最终影响购买决定。

对于任何企业，都必须首先确定其产品或服务的动态交易象限。而测算购物秒表的转速，只是这一过程的开端。一个成功的营销者，懂得运用上述矩阵投放营销资源，如广告、店内促销、赞助商甚至客服反馈等，这些恰恰构成了与顾客的接触点以及捕捉点，时间刚好就在消费者按下秒表做出决定的一刹那。**大量营销案例表明，营销者将接触点作为营销捷径，可以缩短从未形成需求到购买决定的路径**。

但是，真正成功的营销者并不会仅仅止步于此。正如我们即将看到的，他们中的一些人改变着购物秒表的转速或直径。在下面的章节中，你将了解到：

- 固特异安殊轮，一个价值十亿美元的成功营销案例，其顾客的购物时长通常低于 1 小时；
- 乐通公司（Roto-Rooter）是如何利用人们浏览黄页的短短 50 秒时间成功营销，使自己成为该行业唯一合法的官方品牌的；

- 全食超市的营销策略彻底改变了其顾客的购物体验，让顾客从节奏缓慢、枯燥乏味的购物中解脱出来，带给他们像观赏影片一样的愉悦感；
- 微软公司“包围、扩展再毁灭”的营销策略，就是利用了顾客不愿意花时间查找其他计算机办公软件的心理；
- 丰田高端品牌雷克萨斯营销策略的效果是，提前一年已将其潜在顾客的目光聚集到自己的品牌专营店。

同时，你还将看到与移动电话、计算机硬件、小额银行业务等产品或服务的相关营销案例。甚至，高中生（及其父母）为了升入大学，耗时几年、精心而为的自我营销案例，本书也将有所涉及。

我们坚信，秒表营销策略适用于任何规模的企业。所以，你会在本书中看到，纽约当地一家小红酒店的营销手段，与世界500强公司如出一辙。

在一篇被重印多次的1996年的文章中，古生物学家兼体育迷斯蒂芬·杰·古尔德（Stephen Jay Gould），将其智慧的触角伸向了自身学术领域以外的领域（与市场营销毫无关联）——棒球0.400击球手的消失。虽然并非绝对普遍，但从1894年至1925年间，以每10个打数中4个安打结束的棒球赛季高达24个。然而之前与此类似的情况，却只在60年前发生过一次。

古尔德将达尔文的生物进化论应用于棒球技术进化的分析，他指出，随着棒球运动员中球技高超者人数的增多，区分好坏球员之间的界线会逐渐模糊。因此，不仅0.400击球手消失了，0.180击球手同样也会消失。用统计学的语言表达就是，最终球员们的技艺会回归平均状态。另一方面，也有少数天才型球员保留了下来，凸显出进化论的无懈可击——整个联盟中0.260击球手的进化过程至今仍不甚明了，其对平均状态的背离也并不明显。曾经，一些球员可以凭借自身的独特优势获取事业的极大成功，但现在是不可能了。特别是有关击球技巧的信息，在今天更是唾手可得，因此，即便是一个0.400击球手也不可能再保有其在球队的垄断地位。

同样，商界的0.400击球手也在逐渐减少。每个人都很清楚应当在哪里降低成本，在哪里消除供应链上不必要的环节，以及在哪里体现竞争优势。他们不断地外包、重组、改造着自己。简单固定的时代已经过去，即使是微软、沃尔玛的总裁，也同样会担忧自己品牌的市场领导力。因为他们完全明白，想要保持这一领导地位多么困难。这就好比刘易斯·卡罗尔（Lewis Carroll）笔下的红心皇后（Red Queen），全力奔跑也只是为了能够保持原先的位置。

为了跑得更快，当然就有必要测算一个人的速度。这也就是秒表的作用。

找到属于你的“交易工具”

伽利略拥有世界上第一台天文望远镜，他不可能用它瞄准了天上所有的地方却没有任何新发现。秒表营销所借助的工具，正好比伽利略的那台望远镜：每当我们用它瞄准一家企业或者一个行业时，它就似乎让这家企业的成败成为了关注的焦点。

除了自不量力地把我们自己比喻成伽利略（所有的新玩具，都或多或少具有一些望远镜的特征，但是人们却不再期待哪一个玩具可以用来改变世界），问题有一点陷入僵局。正如每一把锤子的拥有者都希望将问题看成是一个钉子；戴眼镜的人会认为，世界上最重要的物品就是那些可以帮助你清晰看到一切的东西。至于何时用放大镜、何时用双筒望远镜，则是一个需要应用良好判断力的事情。

国际上一些最知名、成功的企业，往往能够抓住驱动消费者的那块购物秒表，以此成功获取商业利润并且赢取市场份额。它们取得成功的市场营销故事，本书都将有所涉及。但是，你拿在手上的这本书，绝不仅仅是一本介绍成功营销案例的故事会；我们希望你会发现，它使用了经过时间验证的、可用实证证实的技巧，在对任何一家企业做出判断时，它都将是你的一个非常有用的向导。这是一本描述 21 世纪独特商业挑战的书，也是教你迎接挑战的一剂良方。

STOPWATCH MARKETING

第二部分

辨识四大购物类型，抓住销售时机

"如果我们能够掌控时间，我们将能掌控一切。"

彼得·德鲁克

接触点产品利润
冲动型
谨慎型
备用轮胎
固特异
泰普尔
普通锁具
玛斯特锁
床垫
北卡罗来纳大学格林斯博罗分校
传统超市
乐通
大学招生
雷克萨斯
水暖工
MP3音乐播放器
新车
个人计算机
被迫型
消遣型
微软
沃尔玛
苹果电脑
计算机操作系统
打折商铺
嘉信理财
iPhone
手机
康美银行
全食超市
财务规划&投资
个人银行

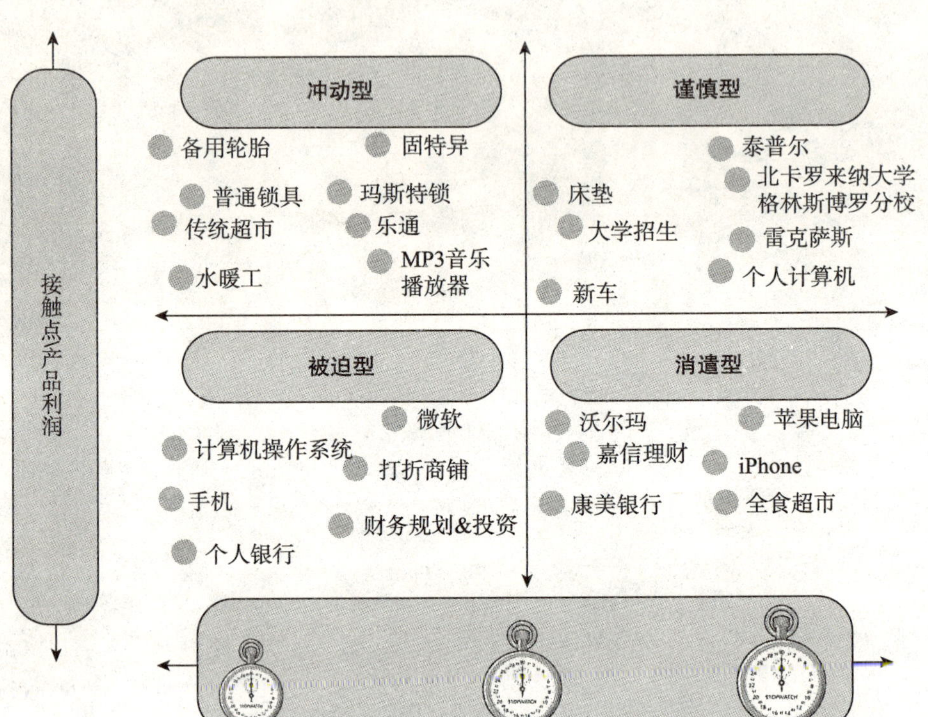

购物矩阵：典型例证一览

第3章 STOPWATCH MARKETING 冲动型购物：快速出击

- 冲动型购物一般适用于急需购买的、并且在产生需求前很少购买的产品或服务。
- 想在冲动型购物象限内赢得商机，你就绝对需要运用棒球比赛中“等待、等待，抓紧、抓紧”的战术。
- 针对冲动型购物的营销策略，最有力的接触点或许在于，产品的外观应该能够凸显其竞争优势。

没有人确切地知道“等待、等待，抓紧、抓紧”这句棒球名言出自何人，但是大家公认这句话可能出自著名的外场手泰德·威廉斯（Theodore Williams）和托尼·格温（Tony Gwynn）——他们职业生涯的平均击球率分别高达 0.344 和 0.338，所以两位有关棒球的言论非常值得我们信服。这里需要补充的一点是，在外场等待击球需要有足够的耐心，你必须耐心等待那至关重要的几分之一秒，用眼睛观察、用心判断是否能够击中，然后利用这几分之一秒的时间，挥动两斤重的木制球棒，向由投手投出、尚未到达本垒弧线中的棒球连击两棒，以改变球的走向。如果时机不对，那么再完美的击球动作都无济于事。球的最高时速可达 144 公里，它的飞行轨迹让人难以捉摸，经常旋转得快到看起来好像在画弧。

相比之下，销售轮胎听上去似乎就要简单多了。

冲动型购物一般适用于急需购买的、并且在产生需要前很少购买的产品或服务。**若想在冲动型购物象限内赢得商机，你就绝对需要运用棒球比赛中“等待、等待，抓紧、抓紧”的战术。**冲动型购物与我们将要讲到的被迫型购物的区别在于，冲动型消费者不躲避购物，他们只是认为，在对产品产生需求前购买这些产品并没有多大好处，而且成本也过高。一个理性的人可能会四处储备瓶装水和电池以备不时之需，但是他绝不会为了防止煤气灶缺少燃气，而在车库里备上许多额外的丙烷。

本章的目的在于告诉营销者，冲动型购物往往出于两种原因：情绪和速度。

● **情绪** 绝大多数情况下，冲动型购物象限中的产品或服务都是不重要的、无趣的以及一些不相关的东西（所以人们才会“等待、等待……”）。但是，当轮胎瘪了的时候、当一个中学生开学前一天晚上 11 点，想起没有向父母索要储物柜挂锁钥匙的时候、当客用卫生间在宴会前一天堵了的时候，或者当电风扇在 7 月中旬坏了的时候，情况就十分紧迫了。消费者必须下定决心立刻解决这些问题，更重要的是，他们必须正确地解决这些问题，以保证配偶和孩子都没有理由产生怨言，不会心跳加速、直冒冷汗或者产生家庭纠纷等。解决上述问题并无多大利益可言，并且犯错误的可能性很大，这一点消费者也是心知肚明的。

● **快速触发秒表** 这种情况下，无论消费者带着怎样的心情去购物，他都将受到外在环境条件的影响。即使有些赶时间的家长，想要在周末下午花时间到轮胎店转一转，研究一下轮胎材料、钢带质量之类的问题（他们并不会真的这样做；他们中的多数人认为这样纯粹是浪费时间），他们也还是会计算着时间的价值，把它与错过孩子的足球比赛或者钢琴演奏的损失相比较。

冲动型购物

大量接触点 + 高利润率 / 快速秒表 = 冲动型购物

冲动型购物一般适用于急需购买的、并且在产生需求前很少购买的产品或服务。这一象限的典型特征是，由于它往往源自于一种情感上的冲动，该购物决定会在极短的时间内完成，因此出现过错的概率非常之高。该象限内的消费者并不躲避购物，他们的购物秒表转速飞快。跑赢冲动型购物象限，营销者需要一边适应冲动型消费者的购物秒表转速，一边寻找使消费者变得更加谨慎的方法。

在冲动型购物象限内争夺消费者的产品和服务，就像是美国经济中好斗的铁路工人，只有在他们失败的时候才会引人注意。但是，此类产品或服务的需求量却是巨大的。**这一象限的典型特征意味着，冲动型购物往往不可避免地发生在这样一种环境中：许多竞争者都拼命挤入这个“房间”里。**这样的结果，往往导致丧失定价权，最终丧失利润。

时间就是商机

事实上，对于冲动型购物的营销策略，关键不在于价格，而在于购物的便捷性、销售培训、耐用性 / 延长保修期、品牌宣传以及视觉记忆等。

数百家的公司、甚至是整个行业，每天都在面临冲动型购物矩阵的挑战，但是却只有极少数的公司可以真正解决购物者购物时间短暂这一问题——他们的购物秒表转速极快，这深深影响着产品的市场占有率和毛利润。这里的一个成功案例来自于老牌商业巨头——美国固特异轮胎橡胶公司。

固特异，研发特色产品

2005年1月30日，后卫理查德·汉密尔顿（Richard Hamilton），在奥本山宫殿球场底特律活塞队的主场，大败纽约尼克斯队。汉密尔顿是活塞队在7个月前结束的冠军赛季中的得分王，也是活塞队中迄今为止最为人认可且又非常低调的人物，因为他常常要带着透明面罩保护面部。而在这天晚上，他却变得异常抢眼——他做了一个像轮胎花纹一样的发型。

这并不是一个普通的发型。汉密尔顿的这一发型造价昂贵，但是具体花了多少钱没有被公开——这只是固特异轮胎橡胶公司最近一次市场营销活动的序曲，固特异近乎完美地将秒表营销策略应用在了冲动型购物矩阵上。

要充分理解这一典型的商业案例，就必须首先了解固特异所处行业的基本特点，以及其产品投放的具体环境。

> 截至20世纪末，美国的这个标志性行业几乎全部被外国企业收购了。凡士通轮胎（Firestone）、通用轮胎（General Tire）以及百路驰轮胎（B. F. Goodrich），分别成为了日本石桥轮胎（Japan’s Bridgestone）、德国大陆轮胎公司（Germany’s Continental AG）以及法国米其林轮胎的下属分支机构。随后，这三家公司纷纷将总部撤离其最早生产自行车气胎的俄亥俄州阿克伦。从一种长远的全球化视角来看，美国工业第一次建构了自身的国际性身份（为了保证原材料的获取，美国轮胎协会自1910年起，开始不断收购亚洲东南部的橡胶种植园），而在这其中，唯有固特异成为了仍属美国所有的、总部位于阿克伦的公司。

固特异公司由工业巨子弗兰克·塞伯林（Frank Seiberling）创建于1898年[①]。进入21世纪，固特异的市值已达到数万亿美元，成为年销售额高达140亿美元的全球最大的轮胎制造商。2000年夏季，固特异被认为是美国商业历史上最成功地利用一次最佳机会从竞争对手那里争夺市场份额的企业。

在那年夏天的三个月时间里，所有的美国人都在议论由凡士通轮胎引发的牵涉了福特探索者（Ford Explorer）在内的一系列事故。几十次召回、上百桩的起诉案以及上千次的新闻发布会，这一切使凡士通的前途暗淡，同时也使其主要竞争对手大有可为。

但是，这一情况并未持续很久。很快，凡士通的母公司，日本商业巨子石桥公司就采取了相应措施，以维持它在美国的市场份额，即使这意味着放弃凡士通，这一让公司受损的品牌名称。短短几周时间内，他们开始将广告费用从凡士通全部转向石桥品牌，要知道，这的确是一笔巨额的费用。从2000年到2001年，公司将用于石桥品牌的广告费由40万美元提升至1 200万，而将凡士通品牌的广告费用由原来的800万美元削减至130万。在任何可能的情况下，公司的营销人员都努力将消费者吸引到石桥品牌上，并且使其在美国市场份额的萎缩不超过两个百分点。

论及有关商业营销的成功案例，绝不能错过2000年10月罗伯特·基根（Robert Keegan）加盟之后的固特异轮胎。在消费者不断更换轮胎这个激烈的市场争夺中，轮胎总销量是每年2亿，而固特异在其中占有的份额超过了35%，这就不能只归功于品牌忠诚度了。新研制的束带子午线轮胎大大地延长了轮胎的使用寿命，使得消费者不再因为历史原因而忠实于某一品牌。这

① 公司以查尔斯·古德伊尔（Charles Goodyear）的名字命名，他在大约50年前发明了硫化橡胶。——作者注

里暗藏的危险在于，当消费者不再有品牌崇拜的时候，价格就成为了唯一的营销点。按照行业分析师亨利·米利斯（Henry Millis）的说法："这一切现在都无异于民航业了。"其结果会对企业的赢利造成一定影响。无独有偶，影响最终利益的一个因素，长期以来都出自所谓的沃尔玛效应。这的确是一个事实，尽管并没有人真正清楚沃尔玛的轮胎年销售量究竟是多少；行业间对此的估计从1 800万到3 200万不等，轮胎协会估计是在2 200万左右，该数字占全美轮胎总销售额的10%左右。

然而，在这个业务方面，沃尔玛所拥有的优势远不及它与纸巾和服饰零售商相比时那么惊人。沃尔玛的销售模式在大多领域里都非常适用，这也因此促使企业特意把自己产品的款式限定在最流行款上，并且制定了政策，对汽车本身只提供最小化的服务，如此一来，也就相应缩减了将消费者引领至轮胎市场的机会和渠道，同时也降低了消费者对这一市场的信心。

结果，在乙方零售商的压力下，以及根据冲动型象限的典型特点，固特异的营销模式开始依赖于定期的价格促销和不断优化的售后服务上。**基根对此的解决方案是，定期研发新产品**——而最近几年，固特异在这方面却并不是表现最抢眼的。

> 事实上，从1991年第一代排水轮胎阿考奇（Aquatred）获得巨大成功以来，固特异就没推出过标志性的新产品。在2003年，我们被邀请与固特异北美轮胎部合作，通过推行新产品重整旗鼓，在此前，公司已经着手改变局面，在工程和研发上都已投入重金。在这个过程中涌现出了一批确实称得上光芒四射的新产品、材料和花纹设计，带来了多种多样的新产品构思，以至于需要一套筛选体系，为客户优先推荐定位产品。

所有的企业都需要尝试顺应变革的需要，固特异也是如此。它决定将中型以及经济型车型的现有市场份额优势扩大到奢侈型和功能型车型上来。这反过来也就意味着，公司在后两者上将面对一大商业巨头——米其林。这家法国公司的商业宣传（你是否曾经有过这样的念头，米其林轮胎更看重安全性而不是对于婴儿的保护？）及推荐高质量产品的能力实在糟糕透顶。但是，就像在马拉松刚开赛时就领先五英里一样，米其林在向高档车制造商供应原装设备上优势明显，仅管没有哪一个轮胎购买者会更愿意用同品牌的轮胎替换现有的轮胎。

与此同时，为了重振营销部门，实现基根、乔恩·里奇（Jon Rich）还有固特异北美业务总裁的战略愿景，我们开始着手帮助固特异更好地理解消费者更换轮胎时的心理需求和愿望，同时罗列出一系列的消费者需求，以帮助固特异采取更为有效的营销手段。

任何一张像样的地图都应当对其版图有所描述，一张真正有用的地图也一定要能够给人们指出最佳的行走路线。我们的目标，就在于帮助固特异绘制这样一张地图，使其能够推出一系列技术创新产品。公司花费了大量时间、精力以及资金，了解建立于复杂的消费者细分基础上的市场；和传统的产品细分相比，消费者细分更为复杂、也更为有效。

众所周知，固特异所瞄准的是中高档次目标消费者的消费需求，既讲求安全、又看中性能。因此，截至2003年年初，固特异的情况可以大致概括如下：

- 对于新产品的成功不抱希望；
- 主要关注利润更高、价位更高的产品；
- 装备了关键技术，理论上可应用于广泛的、已被感知到的消费需求。

所以，我们的当务之急是通过市场调研的方式（用消费者的话来说），来确定这些高端客户寻求的最重要的利益——更准确地说，是消费者认为他们在寻求的利益。

> 比如，当购买轮胎时，消费者考虑的往往是轮胎的灵敏性、可靠性以及耐用性（将近40%的消费者都将上述三点看做他们选择轮胎时首要考虑的因素）。高端消费者则希望轮胎能够很好地抓地、在紧急情况下好用、驾驶时感觉舒适、刹车时滑行距离短、环保可回收，等等。

消费者告诉我们他们购买轮胎时的整体诉求，我们将这一诉求的特点概述为“心绪平和”。简而言之，高端消费者将他们更换轮胎时的需求定位为：在任何情况下——包括天气状况、性能特点、耐用性在内，都最看重安全与性能。于是，固特异的轮胎设计师们就需要于此着力了。而所有营销人员的任务就是，赶在消费者的购物表秒停止之前，将反馈信息有效地传递给他们。

营销人员改变消费者购物秒表的一大难题在于，如何改变他们的购物时间跨度。简而言之，就是轮胎在需要更换的时候就要更换，比如用旧了或是用坏了。而轮胎的使用寿命是和天气呈正相关的。假设未来一年欧洲都是好天气，那么固特异的赢利一定会缩减到足以影响其股票市值的程度。2003年秋季，固特异加拿大公司在报纸上登载了一则广告，广告的背景就是一张人造天气预报图，上面预报了出人意料的奇差天气。可见，想要改变消费者更换轮胎的时间，就像逆转全球变暖一样困难。

大部分时候，一个司机总是在其平静的心绪被打乱之时，才会注意到更换轮胎的需求。这种心绪被打乱的情况有很多，比如发现轮胎破了洞或者瘪了、不能行驶预期的里程数，但是却没时间购买新轮胎，或者对更换轮胎而不得不进行采购的过程感到焦躁不安。

通常的情形是，消费者几年时间里都心态平和地开着车，无须担心轮胎的事情，然后就突然蹦出换轮胎这个必须即刻解决的问题。他们的购物秒表开始转动，但并不会转得太久。同时，在他们的轮胎瘪了的同时，他们的心绪也跟着瘪了。现在能想到的就只有糟糕的事情了：高价、过早报废、浪费时间购买轮胎等。这时的消费者已不受控制而且信心不足。此时，在这几个小时里，或者最多是几天里，购买轮胎就成了头脑中的首要之事。但是这种购物却又充满着各种各样的风险——轮胎太贵；享受不到最好的服务；没有找到适合自己驾驶风格、车型以及天气状况的最佳轮胎等。相应地，更换轮胎这件头等大事就成为了一个不愉快的小插曲：换轮胎这一过程本身，占去了消费者原计划做其他事情的时间。因此，对于更换轮胎，消费者会变得越来越急躁和没有耐心。**在这样一段短暂的时间内，秒表急速转动，更换轮胎就成为了一件完全情绪化的事情。**

这个过程快速到十分耐人寻味。当交易完成、消费者更换了新轮胎之后，他们的情绪就会马上回到从前那种平静的状态之中。新的轮胎，无论是品牌、型号、花纹设计等，总要好过旧的。即新的就是更好、更安全的，就是能够带来更平和心绪的。

时间就是商机

就绝大多数人而言，购买轮胎的消费行为，恰恰处于冲动型购物象限的中间位置：这样一笔交易，对于消费者来说不会提前计划，但是当需求出现时却又不能推后。

固特异的管理者明白，他们无法影响消费者的基本需求，也就是说，他们将目标锁定高利润轮胎的消费群体就已经意味着把这些消费者从竞争对手

（主要是米其林）那里夺走。但是，影响消费者购买新轮胎的决定时间确实极其有限，只有几小时到几天的时间而已。

> 当一个机械师想告诉司机轮胎破了，他不会说："再开上几周吧，直到你想清楚要买哪种轮胎。"
>
> 同样，机械师也不会给潜在的消费者一张解释轮胎断裂强度的技术规范清单，或者告诉他们诸如 $\Delta p = F_{net}t$ 这样的冲力公式。工程师需要用公式进行推理证明，但是普通的老百姓更需要的则是感观想象。

因此，定义消费者的需求就必须以他们的语言进行。消费者通常首先会用一些简单的专业术语，显示自己在轮胎的安全性能、刹车系统、牵引力以及方向盘等方面的经验和技术。但是，当被有经验的人深入问下去的时候，他们通常就开始用自己的惯用语言回答问题了：比如"我不想在晚间遭遇轮胎气瘪或者交通事故这样的事情"、"不管天气状况怎样，我都不想迟到"，以及"我不想一直都提心吊胆的"等。

这里至关重要的一点在于，消费者对于轮胎的技术细节问题一定是不耐烦的；相反，他们对于轮胎的视觉效果、线条设计、品牌、产品名称、零售商的推荐等更感兴趣。这一点有助于我们在今天解释固特异防水滑阿考奇轮胎的成功——一个响当当的品牌（固特异），一个好名字成功地道出产品的精髓（防水滑），并且给人以视觉上的想象（轮胎上的纹路能够顺利将水排除）。因此，为了决定开发推广哪一种通过试验室测试的轮胎，固特异势必需要解决如下问题：

- 对轮胎线条纹理的实用视觉描述，因为这是首先被消费者看到和关注的问题。同样，轮胎侧壁的花纹也要美观，因为这也是消费者能够看到且销售者也要提及的地方。

通常，侧壁上都只会刻上轮胎的品牌名称以及一串复杂的编号；

- 产品名称应当能传递出产品优势，并且与产品的视觉印象相关联，正如20世纪90年代的固特异防水滑阿考奇；
- 一个能在消费者中产生撼动的品牌名称，能够将未来推出的同系列产品悉数囊括在内；
- 增强固特异品牌优势的整体解决方案，同时要求价格优惠。固特异营销成功中最为关键的一点还在于，当大量复杂的产品概念纷纷涌向消费者时，固特异看到了价格期待对于固特异品牌的正面推动（这里，你可以对比前面我们提到过的美国俄亥俄州阿克伦的工业衰败地带）。

图3—1为我们展示了营销过程中的挑战。

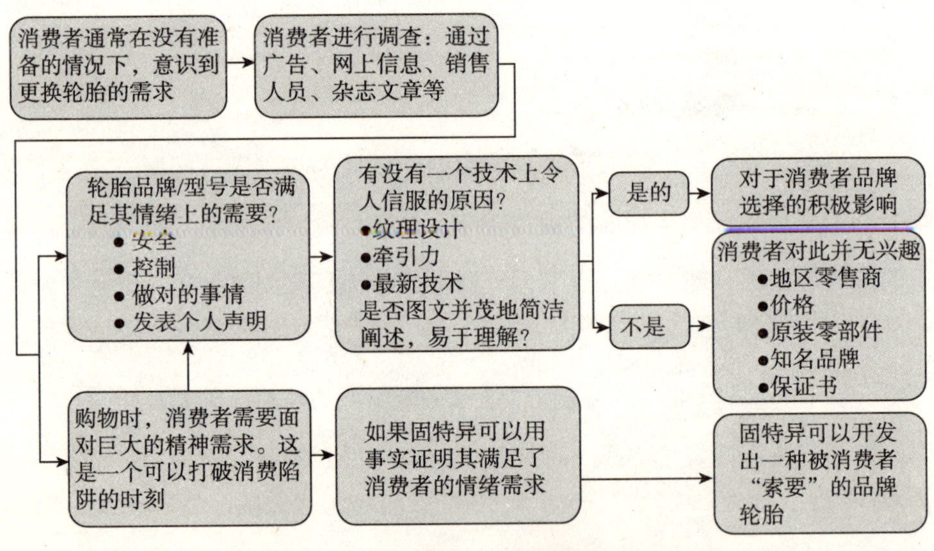

图3—1 更换轮胎：消费者需求的挑战

注意一点，在固特异能够影响消费者购买决定的冲动型购物过程之中，并不存在太多的接触点。当然，在这一过程中，基本都会涉及广告以及品牌的建设问题。当消费者处于“心绪不平和”的状态之时，他们的秒表开始迅速运转。一个消费者可能会通过报纸广告了解产品价格和购买渠道，但最后通常都会选择离居住地或工作地最近的零售店。大多数关键的接触点都与经销商有关——店面所处位置好找且看得见、店内商品丰富、与店员的互动有效、交易快速开始快速结束。

关于成功的零售网络的例子，我们已经在本章的开头部分关于泰德·威廉斯以及托尼·格温的例子中有所涉及。我们注意到，即使是最完美的改变，也要准确地确定其时间。当固特异能够向市场提供正确的产品特色、正确的产品视觉效果以及正确的市场营销策略时，就可以准确地确定时间。

时间就是商机

史蒂夫·乔布斯曾经告诫员工——实际上是训斥其员工，“设计不是要设计产品的样子，而是要设计产品的性能。”

让我们来看看三线（TripleTred），它的正式名称为“固特异三线安殊轮”。固特异的品牌产品三线的设计，旨在同时改进在干燥的柏油路面、冰雪路面以及积水路面上开车的效果，并且固特异的产品也的确做到了这一点。此外，这种三线设计分别在轮胎表面以三种不同纹路的花纹同时表现出来，使消费者很容易产生相关联想（在三种状况的道路上均可安全行驶），一方面给消费者视觉上的线索（纹路），另一方面也从产品名称上加以暗示（三线）。**固特异这种把产品特色当做营销重点加以宣传的策略，正是秒表营销策略的核心所在。**设计安殊轮时，就是要把它放在一个经典的“采购五步法”的环境下买卖——意识、考虑、试用、购买以及使用，这五个环节通常以分钟计算。

2004年2月安殊轮的投产，是美国商业历史上的一件大事，但其投产之初的销售业绩并不理想。当时，固特异并未能够借助凡士通2000年失败的良机扭转乾坤，经历了自大萧条之后公司收益最为惨淡的三年时光。2002年年末，固特异亏损12亿美金，股票市值由1997年每股超过62美元跌至不到8美元。在这种情况下，公司执行主席鲍勃·基根（Bob Keegan）和乔恩·里奇急需一剂强心针。他们决定以5 000万美元的广告投入邀请帕特里克·斯图尔特（Patrick Stewart）担任自己产品的广告主角，同时基于对汽车轮胎行业发展的深入研究，设计了最广泛的经销商培训。

除了通常情况下以男性为主体的广告场景，比如体育新闻，固特异还专门应用了非传统的广告媒介。例如，三线轮的投产广告就做到了在电影院电影播放前放映。这样做的原因，自然是为了吸引消费者的注意力，诱导消费者的购物倾向。但是，并不会真的有人在电影播放完毕之前，在没有看到“阿兹卡班的囚徒”之前，或者在不知道史瑞克是否被其家人接受了的情况下，就离开电影院直奔轮胎店。从专业的角度，这被称做片头广告，其目的是在消费者丧失平和的心绪前，给他们留下更加深刻的品牌印象，以此来延长消费者的购物秒表转动时间。

总而言之，固特异三线安殊轮及其姐妹产品安节轮（ComforTred）的成功营销，关键点还在于消费者看到这种轮子的那一刻：固特异认为那“修长的、刻画精致的、有视觉感的外形，吸引了消费者的注意；一个无以伦比的外观，大大地有助于经销商对于产品性能和技术的讲解，同时也简化了把安全放在首位的消费者的购买决策。因此，固特异轮胎的侧壁上印着一个太阳、三个雨滴和一片雪花，呈现出轮胎独特的产品外观。

固特异安殊轮这一品牌名称，不仅在调研中得到了认可，也同样击中了消费者寻求平和心绪的要害，且弥补了米其林关于婴儿安全座椅的缺陷。同时，安殊轮（如今，公司不断把它指定为所有汽车的轮胎）这一名字也为其姐妹产品、高价位的安节轮提供了一把很好的保护伞。后者的轮胎侧壁上画有一片羽毛。

此外，在推出安殊轮时，固特异在经销商促销以及培训上投入了重金，以表示支持。这一点非常重要：经销商无论过去还是现在都处于强大的位置上，因为他们掌控着冲动型购物象限。顾客来了，希望快点买到轮胎好去做其他事情，因此他们通常都受到经销商推销的影响。

然而，即使如此，轮胎的销售过程也有着自身的特点，而这一点恰恰体现出消费者与商家最后一秒互动的重要性。固特异客户开发部主任安迪•特雷科夫（Andy Traicoff）认为：

> “轮胎在汽车的售后市场中地位独特，因为它是为数不多的几个可以被消费者看到品牌的产品。更重要的一点是，消费者不仅为产品付钱，也要为产品安装付钱，即使那些喜欢‘DIY’的车主也很少有人拥有把轮胎安装到车轮上的设备。这就使经销商成为价值链上的一个重要环节，对买主和固特异都很重要。”

所以，固特异就像激光聚焦一样，特别注重对经销商培训和教育的需求，不仅是产品技术、特点、优势等方面，还包括打造他们（经销商）获取丰厚利润的能力。在消费者来到销售点准备购买轮胎的时候，固特异必须确保其销售人员不会说出诸如“东洋（Toyo）、横滨（Yokohama）、伊斯拉韦德（Gislaved）的同等商品要便宜 15 美元左右”之类的话。即使是超高性能轮胎的消费者，这些轮胎的售价通常都在 200 美元左右或者更高（并且，更恰当地说，这个过程会耗费大量精力区分产品），也只有大概 33% 的人在进入商店之前就已经明确了要购买的品牌。而即使是最挑剔的消费者，也会对那个复杂模糊的代码——P205/60R15，以及代码旁边的最大载重量、时速等信息感到震惊。

考虑到安殊轮销售计划的重要性，固特异当然不能一味依赖于三线的设计外观，即使这一视觉效果格外给力。营销方案中，他们围绕“等待、等待……”这一指导思想设定了多个接触点。其中包括 5 000 万美元的广告投入，用以保证安殊轮的销售效果，以及在销售安殊轮前三个月之内返减 60 美元。**固特异认识到，赢取潜在消费者的接触点（通常是唯一的），最为关键的一点在于经销商们的运营网络。**因此，固特异先后举办了 13 场盛大的演出——固特异安全驾驶保证说明会，它是最大规模的经销商交流、培训及激励项目。

图 3—2 展示的是固特异网站上的关键两页，分别对安殊轮和安节轮进行了有力宣传。

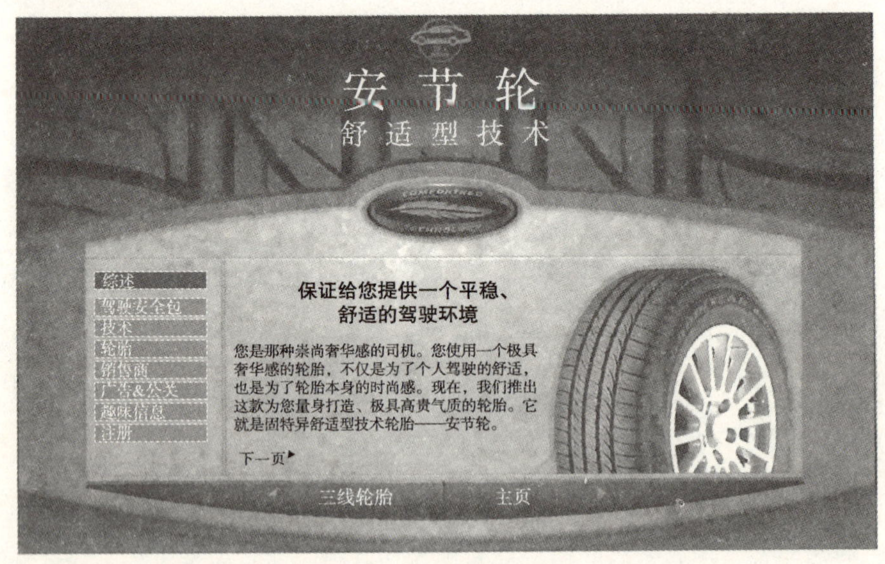

图 3—2　固特异网页例页

图 3—2　固特异网页例页（续）

固特异的这一营销策略的确起到了作用。据特雷科夫回忆："当消费者反馈说'这轮胎看上去就和你们所说的一模一样'的时候，我们就明白我们赢了。"安殊轮是固特异历史上最成功的一款产品，其消费需求量甚至超过固特异最大估算需求量的三倍还多。又由于其平均的零售价高于 95 美元，因此利润率也颇为丰厚。固特异三线安殊轮最终的成功得益于其许许多多的营销接触点，其中包括报纸广告、消费者打折、经销商激励乃至理查德·汉密尔顿的经典发型等。最后（或者，至少是秒表的最后一转），也是影响冲动型购买决定的关键——得克萨斯州奥斯汀羔羊轮胎与汽车中心副总裁罗恩·梅雷迪思（Ron Meredith）指出："消费者普遍认为，固特异轮胎是自己在销售自己。"

玛斯特锁，让闪亮的外观设计俘获消费者的心

固特异的成功营销许可以简述如下：**针对冲动型购物象限的营销策略，最有力的接触点或许在于，产品的外观应该能够凸显其竞争优势。**反观固特异三线安殊轮，从名称到“修长的、精心雕刻而出的线条”，再到其侧壁上的图案，无一不在增强着其品牌的独特魅力。在形成冲动型购物决定的极短时间内，完形结构发挥到了极致——一幅带有丰富信息、内容完整的图片呈现在消费者面前，而不是断续的一个一个部分。三线轮胎或许可以看做历史上最伟大的营销完形结构。

时间就是商机

有关产品依靠自身视觉效果推销自己的理论，对于将自身营销资源置于顾客购物决定之上的产品尤为适用。

和美国许多商业巨头一样，玛斯特锁（Master Lock）也唯有在历史环境下才可能被完全理解。如同固特异一般，其成长壮大也是建立在不断地技术创新之上——固特异不懈于追求硫化橡胶，而玛斯特则致力于薄钢技术的研发。但同固特异不同的是，玛斯特通过维护自己的专利权来巩固自身的竞争优势，这一措施带给了它将近70年的商业繁荣，同时也使密尔沃基（Milwaukee）[①]一线的制锁企业，在专利权过期之后几乎瘫痪。

“危机”对于任何研究公司组织的人来说，都是一个熟悉的词汇。数十年来，玛斯特的公司文化对于其公司创始人、机械天才哈利·索里夫（Harry

① 美国威斯康星州最大的城市和湖港。——译者注

Soref）来说就是如此。玛斯特公司长久以来都处于与消费者的隔绝状态之中，所以它认为消费者购买玛斯特锁的原因，只在于其绝佳的机械工艺与铸造工艺。玛斯特热爱自己的产品，就认为其消费者也同样如此。所以，当1994年公司的专利权到期，其经销商纷纷从海外引进与玛斯特一样厚重（或者，更确切地说是牢固）且价格更低廉的挂锁时，玛斯特与其消费者都是十二分的惊讶。2001年，约翰·赫普纳（John Heppner）成为玛斯特的首席运营官，公司陷入了不能适应经济全球化的危机之中。

玛斯特的压力一方面来自海外竞争者，一方面更来自于其自身最大的零售商沃尔玛和家得宝（Home Depot），玛斯特必须有所改观。尽管玛斯特尚保有一定的定价权，同时享有70年制造一流挂锁的声誉，但是这些优势的商业影响力却是极其微弱的。在赫普纳的继任者兰德尔·拉雷莫尔（Randall Larrimore）看来，"每个人都愿意多出钱来买玛斯特锁，但是他们愿意多出多少钱呢？"

因为这个行业的购物环境特点，将玛斯特锁的品牌效应转变成真正可以获得的实际利润，这将是一个更为艰巨的挑战。和轮胎一样，人们买锁一般不是为了更换旧锁，就是为了锁放刚刚购得的什么东西。这一个看起来十分微小的细节，对于玛斯特的成功营销却至关重要。由此，玛斯特在历史上首次向消费者询问购买挂锁的原因，从此公司才开始逐渐了解到，**消费者更加关注的并不是挂锁本身，而是被挂锁保护的财物是否安全。**消费者会花时间买背包、自行车以及花园小木棚等，但是他们绝不会花时间来挑一把锁，他们几乎只会花几分钟甚至几秒钟对比一下货架上的几种品牌而已。

这里，玛斯特将获得和固特异同样的营销启示，但是制锁公司还缺少一样轮胎公司所拥有的商业武器：经销商培训和激励项目。一只售价100美元的轮胎与一把售价 9 美元的锁相比，承受其项目费用当然绰绰有余。这就给后者的产品外观设计和产品制造施加了更大压力，与安殊轮相比可能有过之而无不及。

此外，消费者购物秒表的转速也可能成为其营销优势。当明白了他们销售的是安全而并非钢锁之后，玛斯特开始能够详细地划分其产品线——他们设计出非传统颜色以及非传统外形的锁，以此来吸引不同细分市场的消费者。2001 年，公司生产出一款新的木船造型挂锁，成为秒表营销的一个成功模板。

- 无须阅读任何产品介绍，这款设计让人一看就产生高度的安全感，那些庞大而又厚重的材料使人不禁会想："这只（昂贵）的木船一定能够安全地载着我。"此处的营销接触点只有一个，启动秒表工作的点也只有一个。
- 这种造型的挂锁，一定可以适用于任何大小的栓钩，这样一来，就不会因为消费者记不起来其拖车栓钩的尺寸而失去一次交易。同时，只提供一个款式也帮助经销商节省了空间。这里的营销接触点同样为一个，而敲击消费者购物秒表的点却可能有两个。
- 最后，这种挂锁不会出现在五金商店里，而是摆放在汽车销售商店里——这样的商店销售的挂锁能够锁住消费者想要锁住的任何东西。这一做法同样聚焦于消费者的购物秒表，因为这样省却了他们一家一家店搜索的麻烦。就像约翰 • 赫普纳所自己说的："当一个消费者进入沃尔玛的时候，他总是希望能够在汽车销售点找到挂锁。"

为此，赫普纳非常自豪。在过去的几十年中，玛斯特挂锁一直以来都是沃尔玛销量最好的产品之一。2002 年，老式的挂锁退出历史舞台，公司继而推出新的汽车挂锁。这一产品不仅成为沃尔玛汽车销售分部最畅销的汽车配件，而且也为玛斯特与诸如活力男孩儿（Pep Boys）及自由地带（Auto Zone）等专卖经销商之间打开了往来通道。

冲动型购物尤其青睐那些产品设计已成为自身卖点的产品，这个观点已全面渗透进了玛斯特。如今，玛斯特会像服装制造商一样，时时更新其产品外观，使锁具变得色彩纷呈、价格昂贵，比如热卖的Fusion（8美元），Sphero（7美元），Titanium挂锁（12美元或更贵）和60美元的强力5自行车锁等。曾经黯淡无光的挂锁制造商，如今开始关注产品外观，并将其当做产品的一大优势。同时，公司将原来获奖的设计部改为室内艺术部，并且还和密尔沃基的艺术与设计部保持着长期的合作关系。

此外，玛斯特锁还通过广告宣传来保持其品牌的长久影响力——在连续21场橄榄球联赛上播放广告。包含大量信息的销售材料就放在消费者想要和希望它们出现的地方，再加上奇巧的产品外观设计，让玛斯特这个品牌变得举足轻重。玛斯特的商业巨头地位无可超越，每两秒种它们就卖出去三把锁。换言之，冲动型消费者的购物秒表每走动两下，就有三把玛斯特锁售出。

乐通，充分利用信息黄页

不止一次地，当我们审视冲动型购物矩阵时，总会发现许许多多成功的商业营销案例。从百得（Black & Decker）电动树篱修剪机的电线抽头，到沃拿多（Vornado）的旋涡式风扇，这些产品总是能够以单幅画面吸引住消费者的眼球，在第一时间将产品信息有效地传递给冲动型消费者，即使这些消费者原本是不愿意花时间购物的。

时间就是商机

应对冲动型购物，企业往往是将产品的视觉效果融入到产品的竞争优势当中，最后再演变为产品生产的竞争优势。

那么，在服务的营销方面，冲动型购物又是怎样的呢？有什么能比一个堵塞了的水槽更让人心烦的呢？

迄今为止，还没有人能够证明，是否厕所和水槽在周末的堵塞概率更高一些，或者至少看上去是这个样子。一个极为可能的解释（这些人认为这是一个阴谋，是水暖工故意这样设计的，因为节假日以及周末的上门维修费用要高出许多）是，周末家庭成员使用厕所以及水池的频率增大，因此也就增加了堵塞的机会。显然，周末家庭成员在家的概率要大一些，这一点我们不可否认。除了电力以外，现代设施中没有哪一样比自来水能使生活更加便捷了。停电可以用电池和手电筒应付一下，但是能够代替水冲洗厕所的东西却是不存在的。于是，当这些能够将我们的日常排泄物顺利带进化粪池或者排污管道的复杂管网及阀门停止工作的时候，电话自然会响个不停，全是不耐烦。

然而，由于现代的管道装置既复杂又可靠，所以大部分使用者对于专业维修管道的工人接触并不多——大部分人购买汽车的频率往往都高过请水暖工的频率。这一点并不足为奇，别忘了冲动型消费者不面对“威胁”是不会有所行动的。然而你或许会大为惊讶，美国这家知名企业的名字竟然是如此诞生的：没错，莱蒂·布朗（Lettie Blanc）看了一眼她丈夫萨姆（Sam）做的小玩意儿，这东西由一个洗衣机发动机零部件、一双滑冰鞋的滚轮、一些旋转刀片和一根 3/8 英寸的缆绳组合而成；布朗把它叫做乐通（root-rooter）。

1933 年，当莱蒂·布朗给第一台不用挖掘就能割断管道的机器命名时，水暖工服务市场（区别于现在的蒸汽管道配件、管道铺设与其他的工业化市场）还是松散的，并且只在本地区范围内经营。而现隶属于辛辛那提（Cincinnati）[①]Chemed公司的乐通有限公司却是个例外。这个公司现在依然存在，该企业的管理者每天都要为冲动型购物绞尽脑汁。专业化公司为管道合同商制订的营销计划中也罗列了各种方法，以颠覆消费者“等管道坏了的时候再打电话，不用提前预约”的想法。**典型的营销策略包括，在厂商保修期到期前就定时发送信函、打折信息、返点通知等。**简而言之，就是那些在推出安殊轮前，曾让固特异陷入冲动型象限低利润境地的所有因素。

水管公司几乎不可能通过上百万的广告竞争，吸引到消费者的注意力。考虑到营销支出的预算过少，并且目标群体以当地的消费者为主，他们通常会选择电台与报纸相结合的广告策略，但是当用时间把需求意识和采取行动区分开，并以小时计算时，这样的策略都显得过于奢侈。水管公司一般把营销方面半数以上的银子都用在了冲动型广告媒介上：电话号码簿。

19世纪80年代以来，鲁本·唐纳利（Reuben Donnelly）建立了全球最大的印刷公司，该公司为所有付费的企业建立以字母排序的名录，称为“黄页”（传统上是用黄色纸张印刷，原因很简单，只因早前印刷时白纸用光了）。**“黄页”对于冲动型消费者是一个全新的领域。**这也就意味着，水暖工对于广告媒介的依赖很理性，他们相当明智。到2003年，水暖工成为“黄页”上排名第9的热门搜索类别。查询黄页的人中91%最终都会达成交易，因此，水暖工行业的交易率仅次于外卖披萨的服务行业，而外卖披萨也同样属于典型的冲动型购物。

今天，人们在研究“黄页”的功能及效用上已经投入了几百万美元。尽

① 美国俄亥俄州西南端工商业城市。——译者注

管如今的电话公司撤消了管制（曾经属于垄断行业的电话公司现在是完全免费的，但依然存在多达 9 家不同的电话公司对当地市场份额进行竞争），同时，互联网的普及也使消费者可以不再依赖于一本通用的黄页名录，但是这样的研究依然对我们极具意义。现在的我们不用再像以前一样，耗费比翻阅普通便条多 4 倍的时间，翻阅那些每页 1/4 版都被广告占据的大黄页，也不用把这些黄页用不同颜色标记出来以便查询。但是，这里关于使用黄页的两种数据，今天我们依然需要：

- 消费者翻阅黄页查找某一特殊物品的平均耗时不超过 50 秒；
- 他们浏览黄页上一则广告的时间大约为 6.4 秒。

很少有人能够在 7 秒之内背诵出效忠誓言（Pledge of Allegiance），更别提记住决定购买几百美元的商品所需的所有信息了。相比之下，只要事先准备充分，7 秒之内形成一个可实践的想法要容易得多。乐通的宣传推广工作包括了按照其行业唯一国内竞争商的身份而量力而行的电视广告。年龄在 40 岁左右的中年人都相当熟悉乐通的电视广告词：“叫乐通，水道通。”乐通的这一广告形式大大超越了固特异以及玛斯特锁：乐通的电视广告上，总是会出现一个明显的旋转刀片，这个令人记忆犹新、可视且又带有象征意义的刀片，在超过 50 年的时间里，吸引了数百万的冲动型消费者。

冲动型购物的营销策略

如果把你的目标消费群体放入我们将要谈到的购物矩阵当中（参见第 7

章），那么你会发现，许多消费者都会被划分进冲动型购物矩阵，如图 3—3 所示。理解了这一点，上述有关固特异安殊轮和玛斯特锁的冲动型购物成功营销案例，你就应当时刻铭记在心。

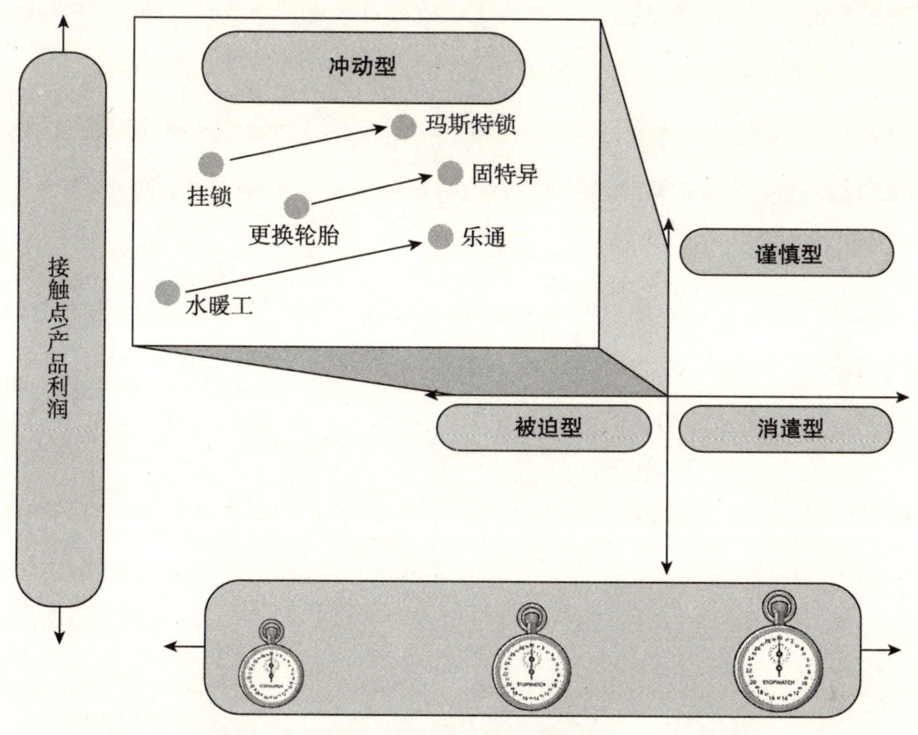

图 3—3　冲动型购物象限

如果你的消费者仅仅通过产品外观看不出产品的优势，那么就说明你的产品仍需加大宣传力度。注意，我们说的仅仅是直观地看，而不是通过广告、销售点产品陈列或者新闻介绍。

如果你的消费者肯额外花几分钟时间研究你的产品优势，那么你在视觉上赋予产品的这种竞争优势就是正确的。和购物矩阵中的其他象限相比，在冲动型象限内，需要耗费大量时间搜索的产品是被排斥和否定的。

冲动型购物象限会对那些能够以一种平稳的方式，拨慢消费者购物秒表的营销者予以嘉奖。比如，引导那些有望成为买家的购物者，多看几眼固特异三线安殊轮的轮胎侧壁。对秒表营销策略而言，这可能意味着消费者购物行为的重要转变——使消费者往东一步（放慢其购物秒表）或者向北一步（每增加一个营销接触点，就相应多出几美元利润！）。

最后，对本章内容做一简单总结——如图3—3所示，**我们需要一边适应冲动型消费者的购物秒表转速，一边寻找使消费者变得更加谨慎的方法。**

如果你觉得上述内容听起来有几分熟悉，如果你觉得本章描述的内容的确是你商业营销中面临的最棘手的问题，那么，现在你将马上得到解决以上问题的方法。你也可以直接跳读到本书的第三部分，看一看如何将这一营销策略的关键原则，应用于你的实际营销活动当中。

第4章 STOPWATCH MARKETING

消遣型购物：越多时间，越多金钱

- 癖好是消遣型购物者的特征属性。
- 在消遣型购物象限中提高利润的方法，通常是改善消费者的购物体验。
- 避免消费者产生挫败感，应该是营销者的首要法则。

把购物当做娱乐，当做消遣，当做看电影……消遣型购物通常被戏称为绝望主妇们的业余爱好，她们有大把的时间挥霍，同时又有大把的信用卡支撑这种挥霍。因此，人们习惯性地将消遣型购物当做后资本主义时代富裕生活的典型产物，而这种惯性思维，已经成为对这种商业行为的定式看法。从雅典时期的集会，到君士坦丁堡的梅塞大道，再到青铜器时代的集市，男人和女人都用购物来充实生活，他们购物的目的不是完成备受重视的采购（详见第 6 章“谨慎型购物”），而更在于购物的过程本身。

消遣型购物

少量接触点 + 低利润率 / 慢速秒表 = 消遣型购物

消遣型购物象限中的典型产品或服务，往往是从其他象限进入其中的，它们更擅长通过改善消费者的购物体验，从其竞争对手处争夺更多的利润。癖好是消遣型购物者的特征属性，因此，当你的消费者不在意购物花费而更在意购物乐趣时，他们的购物秒表通常转速缓慢，有时甚至干脆停滞。在消遣型购物象限中获得成功的秘诀，不仅仅在于在购物的过程中给消费者提供娱乐消遣性，更要将购物本身当做一种娱乐消遣，即说服大众将某一购物习惯当成一种癖好。

有关消遣型购物种种陈词滥调式的说辞，早已无甚新意——如果硬要说什么的话，把车停在罗迪欧大道（Rodeo Drive）[①]可能都要容易得多。据我们了解，有关消遣型购物象限之中的成功营销案例，并不来自内曼·马库斯（Neiman Marcus）或者伯格道夫·古德曼（Bergdorf Goodman）等一线品牌；反倒是那些利润相对较低的品牌，更容易成为顾客愿意花时间光顾的对象，这就是极大的潜在购物意愿。

越来越多处于消遣型购物矩阵中的企业，比如嘉信理财、苹果计算机，都开始采取秒表营销策略来获得更大化的利润。但是，没有哪一家处于此象限中的企业，像位于纽约哥伦布转盘广场西侧时代华纳中心那家创办才三年的超市一样，能够如此极致地应用秒表营销策略。

全食超市，从单调乏味走向快乐愉悦

回想一下传统超市的购物经历。数十年的研究表明，购买杂货日用品既耗费时间、商品利润又小，因此落在了我们称为被迫型购物的象限内。而在我们对于消费者每日购物与购物习惯的跟踪调查中，消费者对于在传统超市中购物的描述让我们颇感惊讶。他们普遍认为去购物浪费时间，是在犯傻，

① 罗迪欧大道是洛杉矶市最高档、最精美的服饰商业街。——译者注

往往想逃避，也很担忧，有的人甚至厌恶并憎恨去传统超市购物。消费者对待传统购物模式的态度和他们对待其他一些事物的态度如出一辙，比如填写贷款申请表以及牙齿保险单、缴税等。

在一个传统超市中，消费者往往认为他们无法找到自己想要的东西；即使找到了，也无法买到外形、尺寸或包装满意的；即使有满意的，价格也往往偏高——如果他们要算出价格是多少，就得不怕麻烦，比如比较两罐油橄榄，一罐以英镑计价，一罐以盎司计价。而即使他们决定购买这种商品，他们还要在超市中忍无可忍地排长队等待结账，最后碰到一个态度恶劣的收银员，智商与室内温度相等，唯一说得流利的话只是“有没有会员卡”，甚至等着顾客自己把东西装进购物袋。我们的一位咨询人员曾为超市的零售商做了如下简短的总结：“大部分消费者从超市购物回来时，往往都会灰心丧气、大受挫折。”**所以，避免消费者产生挫败感，是我们在这里的第一条法则。**

在我们以下有关全食超市的讨论中，“超市”或许不再是描述最为准确的词语。

> 在全市超市的每一个角落，都出其不意地摆放有美食样品或者陈列品；在超市的一条通道上，顾客可以自己碾磨面粉；超市旁边还设有可以容纳 248 人的咖啡厅。以上我们描述的，只是 190 家全食连锁超市的一家旗舰店。全食超市的每一家连锁店都特色鲜明，消费者可以从中感受到顾客至上的经营理念。许多连锁店甚至还设有叫做“巧克力站点”的地方，被邀请进入的消费者，可以获得里面任何一件包装上印有“你知道这是什么”（you-know-what）字样的商品。尽管现在还没有人把全食超市的野生阿拉斯加三文鱼，或者煨在有机可可里的无抗生素嫩牛肉图案印在衣服上，但这仅仅是时间问题。向南十个街区，两张百老汇的歌舞剧票，足够吸引两个戏迷甘愿花掉 200~400 美元；而同样的钱用来购

物，足以装满全食超市的一辆购物车。我们很难判断，到底哪种行为更具有戏剧性。

全食超市的营销策略，并无意于加速顾客超市购物的经历。那么，全食超市的范例，又为何会出现在我们这本书里呢？

为了更好地理解全食超市获得成功的伟大秘诀，及其经营上的不当之处，我们有必要首先花费一点时间，做一些有关超市经营方面的思考。至少，我们应该想一想，在全食超市出现之前，传统超市行业究竟是怎样一种情形。

虽然，早在20世纪20年代，小猪扭扭（Piggly Wiggly）① 以及壳牌就开始以自助购物的形式替代传统的收银台结账形式，但是全美真正意义上的第一家超市，却是1930年迈克尔·卡伦（Michael Cullen）② 在纽约皇后区牙买加商圈开办的金库伦商店（King Kullen）。正如其他伟大的发明一样，金库伦也有着自己的经营问题。实际上，金库伦的开办，是借助了第二次世界大战后美国整个国家经济的迅猛发展之势——长达15年的经济萧条与战争压制下的消费需求增大、汽车购买量与旅行活动增多，郊区建设节奏加快。而当时，超市和广告牌一样，都还不是为人所熟知的概念。同样，随着私家车数量的飙升，对于配有大型停车场的一站式采购商店的需求也逐渐增大。而相对于那些将肉店、面包店、果蔬店以及药店独立分开的店铺，超市则成为了20世纪50年代最节省时间的购物方式。从此之后的几十年中，美国人的购物时间开始缩减。

一站式超市购物具有立竿见影、经久不衰的吸引力的原因之一就是，从历史上看，购买杂物就像装配线上的操作一样，来回重复，索然无味；而超

① 成立于1916年，是美国第一家自助服务超市。——译者注

② 现代超市之父。——译者注

市就是针对每周必须进行的、经典的被迫型购物的解决方案。六十年来，超市的所有者理所当然地认为，当购物行走的距离相等时，成功吸引被迫型消费者的关键因素在于价格策略。两种竞争战略长期以来被学术界称为**每日低价策略**（everyday-low-price strategy）和**高住低训**（living high，training low），学术界对它们的研究超乎你的想象。无论你是否意识到了这一点，我们都是这两种竞争策略的目标人群。一种竞争策略实行每日低价，另一种策略则来自其竞争对手，后者习惯于通过先行赔本和促销的手段降低选定产品的价格，这就迫使他们甚至把其他所有产品的价格都定得更高。这样的竞争一直延续到今天。

军事（营销）战争，讲求“战场”决定作战计划。在这种情况下，战场，即消费者，总是不自觉地陷入某一种类型的营销策略。那些喜欢有最佳选择的顾客，他们只购买打折商品，更喜欢采用高住低训策略的商店；而另一部分不在意最佳选择的顾客，则会选择采用每日低价策略的商店。进一步说，一种定价方法对顾客的吸引力与购物篮的大小成正比，我们假想顾客正是拿着这么一篮子货物离开商场的，**购物篮越大，对每日低价策略越有利**。

但是，隐藏的困境终将慢慢浮出水面。采用每日低价销售策略的超市（这类超市中成功的典型案例，都来自于那些仓储式量贩，例如好市多、BJ’s、山姆俱乐部等），往往不能承受把顾客从高住低训超市吸引过来的费用，因为要让消费者买一大篮子货物，每日低价超市就得把价格降到一个水平上，达到高住低训超市作为交易的价格。即使是好市多，也只能在以低于成本的价格销售牛奶时，才能够拉到克罗格公司（Kroger）的消费者。长期以来，利润的压力使超市在每一美元的销售额中，平均到每件商品上的净利润不超过 2 美分。

但是，全食超市却是一个例外。

有关全食超市的成功秘诀，我们从最近五年每年年度报告中一句简单的话就可窥见一斑，**“‘全食’的目标是，满足和取悦消费者”**。

愉悦？无论是买一大篮子还是一小篮子货物，美国的购物者从来就没用过“愉悦”这个词来描述超市购物经历，那是“乏味”吗？是的。是“苦役”吗？当然。是要么尽可能少进超市（大购物篮）、要么尽可能快地结束购物（小购物篮）吗？完全如此。无论超市购物者走每日低价路线（“我能依赖的事实就是，我的整个购物篮能够让我的花费少一些，而不用支付普通的商场价”），还是采用高住低训方式（“等番茄酱降价了，我再来买”），消费者进行传统超市购物的时间成本总是居高不下。超市顾客的忠诚度很低，他们付高价的意愿更低。

但是，如果现在你可以改变这条规则呢？

时间就是商机

全食超市营销策略的高超之处正在于，其经营者认识到，消费者将食物放入冰箱的时间并不是一成不变的，而是具有很大程度的主观性：一大批消费者，宁愿花上一个小时的时间，在令人心情舒畅的超市走廊里闲逛，也不愿意用十分钟的时间推着购物车在枯燥乏味的超市里选购。几百万的美国家庭从一个购物象限转移到另一个购物象限并放慢他们的购物秒表，这是零售业历史上最伟大的故事之一。

1980 年全食超市建立之初，并未预见到自己在未来会拥有超过 50 亿的年销售额（它们希望在未来十年中可以将这一数字再翻一番）。约翰·麦基

（John Mackey）创立的第一家商店，即全食超市的前身，定名为“更安全方式的天然食品店”（Safer Way Natural Foods）。从这一店名中我们不难看出，其初衷并不在于愉悦而更在于安全：拒绝含添加剂的食品以及非天然成分的食品。这是一种迎合消费者诉求的经营模式，它的局限在于其宣传范围仅限于学院广播站可以到达的范围之内（全食超市始建于奥斯汀的大学城）。正如天然食品营销专家哈维·哈特曼（Harvey Hartman）所言：“他们首先想到的就是接受过高等教育的人群，因此他们的店铺必然与大学城相连。”

> 这种大学城策略很快蔓延开来，北卡罗来纳州杜伦大学的韦尔斯普林杂货店（Wellspring Grocery），马萨诸塞州布鲁克林大学、剑桥大学、威尔斯利学院的面包与马戏食品店（Bread & Circus），韦斯特伍德技术学院洛杉矶分校的古奇夫人（Mrs. Gooch's），以及科罗拉多大学博尔德分校的阿利格罗咖啡（Allegro Coffee）等，纷纷开始使用此种营销策略。集中于杜克大学、哈佛大学、加州大学洛杉矶分校以及科罗拉多大学附近的社区，成了麦基绝佳的试验地。

同时，就像往常一样，这种尝试产生了出乎意料的效果。超市的很多消费者都愿意出高价购买经全食核验盖章的食品，因为它清楚地表明一种承诺：“只要我们把它放在货架上，你们就可以把它吃进去。”这绝对是一种莫大的优势，就像可以给你充分的时间，审视60种不同的早餐谷物一样。

从长远来看，更为重要的一点在于，全食的营销策略，真正发现了更大多数的人是乐意去超市购物的，只要超市购物与商场购物一样有趣，为了健康快乐的目标，他们甚至不在意走更远的路或者花更多的钱。

经过25年的不懈努力，全食拥有了有机生长的甜瓜，聘请了饭店级别的厨师制作健康鸡肉，同时还收购了15个独立的分支机构。至此，全食完成了它向剧院式超市的完美转型[①]。全食超市货架上超过2/3的食品，都是高利润的低保质期食品（但传统超市中此类商品的数量，不会超过总食品量的一半），同时，全食超市的袋装和加工食品也是所有超市中最贵的。因此，不用奇怪为什么全食在快速增长的同时，利润额也几乎可以达到同行业平均利润的两倍。2007年2月，对野生燕麦公司（一个战略定位在提供健康食品的零售商）的110家分店的收购计划书表明，全食掌控消遣型购物象限的能力是不容忽视的。

如果全食超市是唯一一家把被迫型购物转变成消遣型购物的超市，那么你感叹这一巨变还不足为其。毕竟，尽管全食的年营业额累计超过60亿美元（并且这一数字还在不断攀升），但是你不要忘记，全美平均一年的超市购物消费超过5 000亿美元。尽管全食的周销售额是惊人的——平均在593 000美元，但是只要我们在竞争中再争取到不到2 000个消费家庭，就可以马上赶超这一数字。

然而，另一家连锁超市却让人在传统的被迫型购物中体验到更多的成就感，甚至是愉悦感，它就是沃尔玛，或者，更为准确地说是沃尔玛超级购物中心。

在我们写作此书的时候，2 326家沃尔玛超级购物中心的销售额占据了全美零售业的20%[②]以上。尽管它们的营销策略与全食超市大相径庭，但

①公司并未忘记其反传统的根基，2005年的年度报告，在雇员一节中重新引述了亚伯拉罕·马斯洛的需求层次论，强调公司的所有利益相关者都应当逐渐摆脱自我意识的束缚。公司的口号是"通过唤醒人性来创造爱，如此这般，才能够真正改变和愈合世界的伤口。"——作者注

②尽管沃尔玛级别的统治地位是现代世界的产物，但是在20世纪20年代到30年代，大西洋和太平洋食品公司（A&P）的市场份额还要更高一些：比其他的连锁超市多出5倍，销售额占到全美超市业的80%（查尔斯·菲什曼，《你所不知道的沃尔玛》、《快速公司》，2003.12）。——作者注

是两者主要的营销特点却是异曲同工。按照食品店营销分析师彼得•穆兰（Peter Murane）的话，两者都“正在迅速成为吸引消费者的目的地”。沃尔玛的消费者，不是自己磨面粉、或者自己往草莓上淋巧克力，但是他们可以在沃尔玛内部的麦当劳用餐、浏览运动商品、美甲以及测视力。沃尔玛的消费者同全食的消费者一样，不会将超市购物当做一种苦役。

个中原因其实不难推断：尽管超过 5 000 亿美元的年销售额绝对丰厚，但是如果拿它和美国人的年平均收入相比较，则是绝对低的。20 世纪 50 年代，一个家庭的食品开支约占该家庭总收入的 17% 左右；而在 21 世纪的今天，这一数字却降至 6%，并且还在继续下降。

时间就是商机

在今天，价格因素在购买食品的决定中所占的比例越来越小，更为重要的因素来自于到哪里购买。消费者往往愿意前往那些他们感觉用时最少，而不是实际用时最少的商店进行购物。他们选择到购物秒表转速最慢的地方购物，他们选择消遣型的购物方式。

沃尔玛持续地成长、壮大，并且对其竞争对手构成了威胁。这种感觉几乎来自于和我们有过交谈的所有客户。当我们问及客户，你们心里实际担心的是什么，什么使你彻夜难眠时，几乎所有从事与产品服务消费相关行业的从业者的回答都是：“我要怎样应对沃尔玛？”如果我们的客户是商品制造商，那么沃尔玛如今至少占据其商品销售总量的 20%。这一数据，只能让商品制造商以及零售商们望尘莫及。如果我们的客户是商品零售商，那么他们的担忧会更近一步：“怎样才能避免沃尔玛将我们压垮？”

地方性商业组织、市政当局，甚至商贸局，都在努力阻止沃尔玛的入侵，而他们每一次的行动，也都有清楚的档案记载与公布。作为宣传推广有效的营销与商业模式的顾问，我们非常清楚以上传统超市的经营弱点，并且，对于地方性商业组织还继续保持当地零售商传统的（让人泄气、有挫败感的）零售形式，我们感到很不解。但是，只要稍加调查和取证，问题的答案便马上一目了然：沃尔玛在巨大的挑战面前，成功地解决了这个问题，同时取得了两方面的胜利——**沃尔玛是典型的每日低价型零售商，但是却同样成功地为顾客提供了愉悦的购物体验**。我们这里成百上千页的消费者调查显示，提到沃尔玛，消费者的第一反应就是低价和打折。另一方面，低价位的商品结构使沃尔玛得以节省出一部分资金，以雇用迎宾人员在大门前迎接消费者。沃尔玛最忠诚的消费者并不觉得在沃尔玛购物缺乏享受和愉悦感，也一直没有把购物体验描述为“不愉快”。

沃尔玛给了他们愉悦感，甚至是兴奋感。

这一点理所当然地成为理解沃尔玛营销策略的关键点。**沃尔玛时刻关注顾客的意愿，关注他们如何使自己的购物秒表转动起来**。尽管有时我们认为，沃尔玛的普及程度犹如遍地可见的汽车加油站一样，但是这个国家其实仅仅拥有 2 326 家沃尔玛连锁超市，而其他超市则超过了 34 000 家（还有超过 100 000 家的商店售卖食品等）。这意味着，如果平均计算，在沃尔玛的购物者附近至少还有十多家距离更近的超市，但是，他们却仍然选择了沃尔玛。

说服消费者驱车 10 公里到一个超市，这对于拥有 190 多家连锁店的全食超市来说，是一个更加严峻的挑战。大部分中等规模的城市（就是吸引一只棒球队前来比赛规模已经够大了，但是申办奥运会规模又太小了；例如堪萨斯城、匹兹堡以及明尼阿波利斯等），一般拥有 1~2 家全食超市，且一般都落户于几所主要大学附近。另一方面，中型城市一般都会拥有数百家的传统超市。这意味着，那些全食的购物者为了完成每月一次到全食的愉悦购物经历，一路至少会经过50家传统超市。

现在，是缓慢转动的秒表。

对于那些将其货品摆放在全食购物架上的商品制造商而言，他们是足够幸运的，因为全食的购物模式中充满了接触点和捕捉点。**全食超市提供给消费者的一个至关重要的销售特色就是，每一项产品只要摆在了货架上就意味着得到了肯定。**

消费者深信，全食的货架上不会摆放非有机类或非天然的食品，不会摆放含有大量化学添加剂以及防腐剂的食品，同时也不会摆放那些在高度工业化环境下使用杀虫剂和化学药剂生产出的农产品和加工食品。全食的购物者不仅能够享受到愉快的购物过程，同时也完全不用感到愧疚。这一点不可小觑。

> 长期的研究调查显示，消费者往往会在口头上要求避免负罪感，但是迫于匆忙、复杂、纷繁困扰的日常生活，他们不得不放弃这一想法。方便因素（传统超市的一大优势）远远胜过消耗大量时间，驱车穿越诺大的城市才能够到达一家小小的健康食品商店，而里面已经长斑点的有机香蕉就是看起来最新鲜的食品了，还有袋装食品，看起来又是那么地不为人所熟知。这也就是为什么，迄今为止那些经营健康食品的商店都比较小，并且往往都售卖维他命营养素而非食品。

全食超市改变了这一状况。它的出现，改变了旧有健康食品超市不为人信任的状况。全食传递了这样的信息“我们已经就此做过调查，我们保证货架上的食品绝对纯天然，绝对有利于你的健康以及地球的健康”；同时，全食的模式又为人熟知：进入全食，你也可以看到宽宽的过道、整洁的收银台、统一着装的员工，一切都跟传统超市中的一模一样。

要想从单纯售卖食品的商店，转向大型规模的天然食品超市，就必需在规模、利润以及经济效益等方面效仿传统超市。但是，仅仅这样还是不足够的。能够做到目前的成绩，全食超市也必须应用一些零售方面的经验，以此不断吸引消费者的眼球。根据我们对全食超市消费者的调查，他们总是用另一种眼光看待全食与其他的传统超市："爱心"、"愉悦"、"等不及"等词，总是挂在消费者嘴边。经过深入挖掘，我们发现消费者的真正感情，不是来自于他们对超市经典外观的喜爱。借用营销术语，一家新开业的全食超市带来的新奇感，只能让消费者怀着试试看的心理逛一次；但是如果全食仅仅想依靠漂亮的店面招揽消费者，后者绝对不会再来第二次。毕竟，在21世纪的今天，消费者有太多大型、美观的超市可供购物选择，它们带来的视觉冲击力和愉悦感也远远超过了摆成金字塔状的有机蔬菜。

我们发现，**真正使全食的消费者感到兴奋的是，他们总能够持续地在全食的购物过程中发现一些新的、不一样的、令人兴奋的有趣的东西。**一句话，他们可以在全食找到像在电影院看电影一样的感觉。然而，能够让消费者心甘情愿地耗费路上开车和购物时间，并且乐于为电影院般的体验付出高价，全食也是经历了漫长的过程。关于这一点，哈维•哈特曼认为：

> "发现，以及与拥有共识的朋友一同分享这种发现，这种购物体验可以深深地吸引住消费者。此外，'全食'的口号不仅是'对你有好处'那么简单，它还可进一步放大。所以，在'高质量产品体验'下、天然性与愉悦感的叠加，才是全食制胜的不二法宝。"

其中隐含的意义确实很有警示性——对于传统的杂货店，它们正面临着变成大型 7-ELEVEn 便利店的风险，顾客只有在购买少量的、紧急的商品时才光顾。在这个由沃尔玛以及全食连锁超市统治的、真实的食品世界中，要么你就变成鱼、要么你就变成兽。同时，如果通过这种层层相加的剧院式购物体验，可以把低利润的被迫型购物体验，转变为高利润的消遣型购物体验，那么其中的风险性也自不待言。

> 就在不久前，诸如 Boo.com、Value America、eToys、Pets.com 和 Kozmo.com 等以网络为基础的零售商们，纷纷通过上百亿美元的风险投资，想要在自己的网站上安装插件，为浏览网页的人提供从音乐到游戏再到互动测试的几乎任何一样服务，目的只是让潜在消费者的在线时间足够长，最终输入自己的信用卡账号买东西。这其中的大部分商家，从在线配送公司 Kozmo 到搜索引擎 Excite，其实都完全误解了网娱对于消费者的吸引力，以及众多消费者乐意转战网上平台继续消遣型购物的意愿。不可否认，消费者的确迁移到了网络平台，但是他们不是一上网就开始购物活动的。这并非因为网络的娱乐性不够强大，而是因为产品的本身——网上销售的宠物食品以及计算机游戏，与大街上随处可买到的产品毫无二致。

这里就不能不提到苹果计算机，或者更确切的说是苹果 iTunes 音乐商店，这款上市于 2003 年 4 月 28 日的产品（在网络泡沫破灭的三年后），给苹果公司带来了接近 2 万亿美元的股票市值。表面上看，全食的有机食品与苹果的网络产品风马牛不相及，中间差着几光年的距离都不止；**但实际上，这两个公司的成功都源自于它们战胜了同一挑战：说服大众将某一购物习惯当做一种癖好。**

作为营销人员，我们通常轮流使用“癖好”、“忠诚”、“完美”与“上瘾”这几个词。无论使用哪个名称，我们的发现都是不变的：**癖好是消遣型购物**

者的特征属性。每一种产品或者服务的背后，总有一些非常痴迷的购买者，他们会不断购买这种产品，并且享受购买该种产品的每一分钟。大部分固特异轮胎的销售属于被迫型购物象限，但是并不排除有这样一群消费者，每当路过一家轮胎商店，就会下车查看最新的轮胎产品。约翰·麦基的最伟大之处正在于，他认识到，那些总是取笑邻居们衰老了的人，总有一天也会发现自己已经老到要担心健康的地步了，而这时他们也足够富有，愿意出高价购买食品，为的是保住健康。为了消除他们进入到传统有机食品店的障碍，麦基拨慢了他们的消遣型购物秒表，由此，他也让自己变得富有起来。

苹果，持续不断的吸引

2001 年 1 月，史蒂夫·乔布斯对外宣布，苹果公司的最新商业策略是，使 Mac 系列成为其产品拥有者生活方式中的核心数字产品。在当时，乔布斯已经是一位非常富有而成功的商业巨擘了。这款数字产品包括会讲话的照片、日历以及影院功能，而真正实现数字化的其实只有音乐。乔布斯用到“生活方式”一词，其实非常准确：在我们与客户交流的过程中，通常将苹果视作科技与生活品质相结合的一个品牌，经常拿它与拉尔夫·劳伦相比。我们从与客户的接触中得到许多对于苹果的赞许，而伴随的问题都是：“我怎样才能做到如此强大呢？”

从苹果二代开始，公司就开始注意在消费群体中保持相当强的品牌吸引力。而当乔布斯接手苹果之时，他发现，在个性化计算机用户这一细分群体中，78% 的新消费者都选择了购买 Mac 计算机。尽管 Mac 占据细分市场的份额还不足 3%（10 年前这一份额要超过 10%），但是，打造顾客所要求的个性化计算机的经历，却成为公司日后不可多得的宝贵财富。苹果在硬件上的商业优势无人可及，它掌握了一种被观察家们称为“搅拌”（churn）的秘诀。所谓“搅拌”，具体是指苹果掌握了推出新产品的周期，这一周期使其可以即时创造新利润，同时又不致损失潜在的新顾客（苹果最大的竞争对手是索尼和棕榈树）。随时了解苹果世界里新产品的进展，这是 Mac 产品拥有者描述自己的一种方式，这远远超出基于 Windows 操作系统的个人计算机拥有者。想要与苹果最新产品保持同步的更新速度，需要花费很多时间，那么这当中的什么时候，才是你感到最为高兴的时刻呢？

这就是消遣型购物，这就是它的本质所在。消遣型的消费者，正如苹果产品的拥有者，数量不多但却非常高傲。改变非苹果用户行为的第一步在于宣传，乔布斯在旧金山举行的两年一度的苹果大会上，发表了有关数字中枢的演讲[①]，之后仅仅不到一年的时间内，苹果的首席硬件设计师乔恩·罗本斯滕（Jon Robenstein）就设计出了售价 399 美元的首款 ipod 数字音乐播放器。

如果算不上大部分，但也有很多分析师，试图将 ipod 的吸引力归功于其非凡的设计。但是，单纯依靠新颖设计吸引消费者的产品，其销售曲线会在产品面世五年后急剧下降。而就在我们撰写此书的过去两年中，ipod 却几乎销售掉了其 1 亿台播放器中的近 90%。

> 2003 年 4 月 28 日，是苹果在消遣型象限内大获成功的历史性时刻，其 iTunes 音乐商店在这一天全面上市。面世仅 18 小时即售出 275 000 首歌曲，每首单价 0.99 美元，而面世第一周的销量更是高达 100 万首歌曲。

---

① 虽然，把一个计算机公司作为狂热崇拜对象的举动有些奇怪，但是，如果你对具有苹果产品癖好的人有所质疑，那么只要参加一次苹果两年一度的演讲盛会，你自然就会明白一切。——作者注

截至2006年2月23日，10亿首歌曲以及1 500万段视频通过iTunes被客户下载。在过去的1 000多天里，iTunes的下载量几乎每月翻新一倍。

或许只是巧合，我们这位新诞生在电子产品高峰期的、最著名的亿万富翁，发现了某些同龄人的音乐购买习惯，并且将之应用于其他人身上。通常情况下，享受音乐（购物秒表转速缓慢）与购买音乐（购物秒表飞快运转、快速进出商店）是完全不同的两码事儿。但是，苹果为我们所证明的却是：**如果你的价格足够低廉，购买过程足够简单，消费者就会愿意购买数十亿首的歌曲，特别是他们正在享受音乐的过程中。**

在2003年4月之前的至少20年间，在iTunes面市之前，“真正的”音乐销售市场正在萎缩，只是这一萎缩现象被上百万的密纹唱片与光碟所遮盖。音乐消费量的下降，主要是因为对于唱片音乐的消遣型购物与消费者年龄之间有着密切的关系。当购买史莫基·罗宾森（Smokey Robinson）与布鲁斯·斯普林斯汀（Bruce Springsteen）的一代消费者渐渐老去，他们便不再购买音乐以供消遣，同时也不再习惯于唱片行的购买环境；电影《高保真》（*High Fidelity*）中那个令人厌恶的店员虽然有些夸张，但却不失为一个现实生活的真实翻版。

但是，音乐爱好者并没有消失，他们只是变老了而已。**iTunes的成功，一方面来自于技术的进步——宽带与网上资源共享技术的合流；另一方面则来自于人口分布。**

观察者首先混合了乔布斯数字中枢技术的价值。iPod目前的销售毛利润占到公司总利润的22%，而整个公司的总利润又占据整个市场份额的29%——这一数字依然高过戴尔计算机18%的市场占有率。iPod的成功，在一些分析家看来，是对苹果商业利润的一种实质性削减；但是，苹果的年利润却增加了29%（2005—2006年度的四个季度），而其毛利润截至2007年1月也已上升至31%，高于之前几年的27%。

用数字关系就可以解释其中的原因：苹果保留了原有音乐销售（iTunes下载）份额的35%。如果按一天500万首歌曲的下载量计算，毛利润就可达上亿美元。

像苹果这样的公司，以上对于其整个财政状况的影响虽然很大，但也还不至于动摇到整个公司的根基。史蒂夫·乔布斯曾经援引别人的话说："我们的确试图达到盈亏平衡或者通过iTunes来赚一点钱，但是它并不是赚钱机器。"公司真正的赢利产品是iPod，其销售额是整个公司年利润的25%，同时其销售轨迹也和iTunes的技术更新紧密相连。

> 我们这里有一组数据，2006年一季度iPod的销售量为1 400万；随着iTunes的下载量从8亿提升至10亿，iPod的销售量（毛利润是音乐售出量的近4倍）增加至2 200万。这些售出的产品，标志着用户花费在iTunes上的时间不断激增。一份对32人进行的抽样调查显示，被购买的所有歌曲中，超过1/3都在购买前经历了30秒的挑选过程，挑选到购买的比例大概为4:1。这一总和相当于2 000年的音乐聆听时间，更不用说播客、电视秀以及其他一些东西了。

这里存在许多只转速缓慢的购物秒表。最后再重复一遍，苹果确实找到了一条将享受（购物秒表转速缓慢）与购物相结合的道路，无论这一消费是0.99美元一首的歌曲下载，还是100美元一台的iPod。

自然地，这一营销策略会带来丰厚的利润。2007年一季度，苹果报告的赢利额是10亿美元，而这一年其年度总赢利为71亿美元（当其宣布赢利为5.65亿美元后仅仅一年，赢利额就创造了公司的新纪录）。

另一方面，或许更为成功的是，对消遣型购物的投资也为苹果公司带来了回报。截至2006年5月，苹果的零售店已经多达147家，同时这一数据还以在每年40家的速度不断攀升。在苹果零售店中，你可以享受到来自于销售人员免费的帮助以及免费的网络。因此，苹果零售店成为上百万消遣型消费者的首选目的地，他们可以在这里免费查阅邮件、上网，甚至撰写大部头的美国小说或戏剧剧本。在这种营销策略之下，这些商店中每一平方英尺的土地就可以产生4 000美元的收益。并且随着2007年7月，iPhone，这个历史上最让人期待的电子产品的推出，这个数字更是不断上升。

在本书中，要从长期评估苹果这款能网上冲浪、音乐播放、以及存储照片的智能手机是否成功，还为时过早，但是短期的数字的确是惊人的：苹果每推出一款新产品，其上市前两天的销售量都必将超过75万，如果按每一款产品售价600美元计算，其毛利润也超过55%。同样，我们也不能过早断言，苹果手机生产商的角色与服务提供商的角色是否会发生巨大的变化（如果想了解其手机生产的历史——经典的被迫型购物体验，请参见本书后面的章节）。但是，我们现在可以断言的一点是，苹果的成功营销，完全可以归入消遣型营销策略之中。iPhone的界面令人无法抗拒，当这款小巧的手机刚一在公司的网页上推出时，它就从苹果迷们手中的玩具（或者，更确切地说是沉溺；他们从不承认自己有“黑莓成瘾症”）转变成为继iPod之后，最具吸引力的热门电子产品。

苹果零售店的成功，给消费者提供了另一条享受消费的途径，并且可自由地从苹果的零售店中挑选最新的产品。当消费者在苹果店里逗留的时候，他们购物秒表的转速无疑是缓慢的。相比之下，当消费者浏览苹果竞争对手的网页时，他们通常都会选择草草掠过（秒表转速加快），同样，他们也不愿意在前往苹果零售店的路上，被其他产品的零售店所阻碍。所以，综上所述，苹果的毛利润至少要比戴尔高出 10 个百分点。

| 超越低频事件 |

iTunes 音乐商店、全食超市，或许可能还要特别提到沃尔玛超市，都可以用来解释新闻记者兼商业作家克里斯朵夫・安德森（Christopher Anderson）2004 年发表在《连线》杂志（*Wired*）上的一篇文章中提到的“长尾贸易”（long-tail commerce）。长尾是统计分布中一个经常使用的重要术语，指低频率事件的发生总数超过高频率事件的发生总数。

大家熟知的用来解释被经济学家称为帕累托分布（Pareto distribution）的一个经典案例是，一般在一本书中，最经常出现的英语单词是连词，例如“这个（the）”、“但是（but）”等，而低频率词语（例如“频率”一词），在全文中出现的次数可能更多，即使这些词没有哪一个比简单的连词和冠词更常用、更简单[①]。在超市中，牛奶或许是最畅销的产品，但是凤尾鱼、垃圾袋、除臭剂、冷冻披萨以及进口食品，却有可能更为赢利。同样的道理，在 iTunes（或者亚马逊、雅虎以及其他网络平台）上，赢利最多的，可能是那些排行在 51~999 位之间的书刊、歌曲以及电影，而并非排行榜上前 50 名的产品。

长尾效应对于消遣型购物象限的影响不言自明。

长尾（2006 年 7 月，安德森出版的一本极为出色的书即以《长尾》命

① 这一现象有时被称做齐普夫定律（Zipf's Law），该定律以首位发现它的语言学家乔治•齐普夫（George Zipf）的名字命名。——作者注

名）通常是供应量驱动的结果：因为他们有能力保持有效的、无限的库存。亚马逊和 Netflix，能够比其他依靠实体店营运的竞争对手储存更多款的产品，但是这就忽略了需求的重要性。**从商业的角度讲，对于任一产品，无限库存是于事无补的，除非一个购买者有一些想要购买的东西。**而这反过来还是一个时间问题：他愿意花多少时间，浏览你所提供的大量产品？

使长尾效应持续有效获利的关键在于，一直吸引你的消费者的注意力，直到他们的这一需求被转化为交易。

时间就是商机

秒表营销关于消遣型购物象限最为重要的原则正在于：一个潜在消费者花在购物上的时间越多，他们找到一件想要购买的商品、甚至是低利用率商品的概率也就越高。但是需要注意的一点是，时间必须是用在购物上的，而不是用在纯粹娱乐上。

全食超市以及苹果 iTunes 和 iPod 的成功（无论是运气上的还是策略上的）都在于，他们发现了一个利基市场，这为长尾的潜在消费提供了无限可能，但是对于扩张策略，这却是一个成熟的市场，因为现在供应同类产品的竞争对手，不能够或者不愿意进入这个利基市场。全食以及苹果同时遇到的挑战正在于，如何扩张消遣型购物市场，同时将非消遣型消费者转变为消遣型消费者。

简而言之，约翰·麦基的全食超市以及史蒂夫·乔布斯的苹果，他们成功赢取消遣型消费者的关键都在于，成功地吸引了冲动型消费者以及谨慎型消费者。而同时，另一个商机，或许可以称之为最大的商机，在于吸引那些从未离开过被迫型购物象限的消费者进行投资。

|嘉信投资，聚焦消费行为|

人类的商业投资已经有至少 5 000 年的历史。最早的文字记载，是美索不达米亚锲形文字碑上刻载的有关谷物运输权的转让；苏美尔人用这种方式记录权利的转让，就像今天芝加哥商品交易所里发生的一样。历史上第一次真正意义上的商业股票买卖，发生在 1602 年，当时荷兰的东印度公司首次对外发行股票，这也就是后来的阿姆斯特丹证券交易所。

此后的 400 年时间里，股票市场投资几乎成为世界上最富有群体的一项必要活动。1952 年末，只有 4% 的美国人拥有股票份额；即使在随后的 20 年中，经济持续快速扩张，这一数字也只是刚刚超过 15%。1975 年，美国证券交易委员会（SEC）宣布取消固定的经纪人佣金制（brokerage commissions），而这一制度曾经给传统的股票经纪人带来丰厚的收益。

几乎在同一时间，其中的一位经纪人，以旧金山为依托，开始提供折扣优惠且无佣金的股票交易。这位 38 岁的商业领袖，正是拥有斯坦福大学工商管理硕士学位的查尔斯•施瓦布（Charles Schwab）。

美国证监会的撤消管制，加速了股票持有者数量的急速膨胀以及施瓦布①的快速成长。目前，美国成年人人口中，将近半数都与施瓦布的公司有金钱上的往来关系，这就是最好的证明。而这一切却与股票、债券以及商品期货全然无关。**关键，只在于信息。**

当然，经济史学家对此自然心知肚明；同样，那些自荷兰东印度公司

① 全球最大的经纪人，掌管着旗下 750 万个账户拥有的 8 000 亿美元资金。——作者注

起，就一直在劝说投资者从一种形式的投资转向另一种形式的股票经纪人，对此也了然于胸。**这些经纪人交易股票其实就在交易信息**。他们用未来投资的相关数据或者其他信息说服一个潜在的投资者（一个购买者）购买股票。

几个世纪以来，这些购买者都停留在被迫型象限之内，就像任何一位仍记得打推销电话的传统经纪人所证实的那样。这种商业上的营销挑战，难度仅仅亚于人寿保险的推销。股票经纪人必须解决被迫型购物象限中最典型的回避购物行为：顾客们通常认为，一个错误决定带来的危害远大于一个正确决定所带来的收益；他们同样害怕被人敲竹杠。每个人都明白，他们应当重新分配自己的投资，存钱上大学、规划养老等；但他们却完全不愿意花过多的时间，思考最佳的理财方式，因为这一过程无聊透顶。对于所有与被迫型购物相关的行业，从男装到铝合金板，营销组合策略中最重要的因素曾被称做“传统销售方式”——在销售人员和消费者之间产生接触点的时间，通常就只是几分钟时间。所以，最为适合的说法是，市场营销的最大支出就是给销售人员的佣金。

30 年前，减少固定佣金给股票经纪人带来了一个重大机遇，这的确是一个削减不必要的、不被细分市场看重的营销支出的好时机。这一群体包括那些投资者，他们并不需要我们给予建议，这主要归因于 20 世纪 70 年代中期的另一个创新产物：共同基金被引进更大的股票市场。这一领域的成功案例——今天的先锋 500 指数基金公司，全球最大的基金公司之一，拥有超过 1 000 亿美元的资金——验证了这样一条真理，**没有人掌握着价值连城的信息，足以保证支付大额佣金**。经济学上，我们称之为**有效市场假说**（Efficient Markets Hypothesis）。

> 这一理论由芝加哥大学经济学家尤金·法马（Eugene Fama）最先提出。1970年他在《金融杂志》（*Journal of Finance*）上刊发题为"有效资本营销"（*Efficient Capital Markets*）一文，指出信息的集成速度如此之快，以至于通过股票交易的价格就会立刻反映出来，因此，所有股票市场份额的波动都是随机的。

尽管这一理论大大简化了其最初的理论框架，但是有一点无疑却是正确的，即如果有效市场假说成立，那么个人购买的股票组合，不管如何精挑细选，都不能胜过随时间一直交易的整体市场。简单地说，没有人能够长时间在市场上立于不败之地。但是在美国，随着时间的推进市场表现依然良好。也就是说，最佳的股票投资组合就是符合整体股票市场的组合。

对于投资者，这一点意义重大：其实你根本无须花费大量的时间研究投资之道、资产负债表，考虑你买入和卖出的时间等。你不再需要信息；你只需要指数基金。这一理论所导致的结果是，将近20年来，指数基金以及其他傻瓜式的投资工具，因受到401K计划和个人退休金账户（IRA）的优惠税率利好驱动，以惊人的速度增长。截至2000年，几乎50%的美国家庭都拥有股票，并且他们的股票类型都属于共同基金。

这样一大批持有股票的家庭，还拥有一些其他的特点：能够连接到互联网。1997年，有300万的个人投资者通过网络进行投资；而两年后，这一数字已经增长了一倍。

但是，那种你根本无须做任何事情，甚至根本无须知道任何事情（只要购买指数基金）的观念，与大部分投资人的信念背道而驰："难道你不应该依靠高价获取的信息来投资吗？"这样一来，一大批投资者仍然在持续不断地寻找信息。他们通常称这样的信息为"热门信息"。即，尽管你不能依靠信息来进行投资，但是你可以通过兜售信息（如果你拥有经纪人的营业执照）来赚钱，同时间接地用这种方法促成交易。

有效市场假说是一个纯粹的理论假设，当中存在一个与其相悖的、被称为**行为财政**（Behavioral Finance）的观点。行为财政的概念，由经济学家、普林斯顿大学教授丹尼尔·卡尼曼（Daniel Kahneman）[①] 和斯坦福大学教授阿莫斯·特沃斯基（Amos Tversky）共同提出。他们的著作证明了这样一种观点，实际的消费行为并不依赖于相关数据的收集与比较。相反，投资者（所有的购买者）应用了**启发式程序**（heuristics）。这是一种简化了的程序，通过找到一条非常微小的信息，取代其他不能在有效时间内取得的有益信息。

如果没有启发式程序，我们将会度日如年。启发式程序告诉一个在城市中步行的路人，需要多加注意6个20多岁、手拿棒球棒的年轻人，而不是6个修女；这伙儿人或许正在去打棒球的路上，但是他们的情形看上去却是令人担忧的。同样地，人们或许更乐意避开一款之前出过问题的车型，而不愿意花时间去查看《消费者报告》（*Consumer Reports*）或者美国环境保护署（EPA）发布的有关此款车型的所有数据。**在对的时候，启发式程序无疑是节省时间的能手；但在错的时候，它们往往浪费掉的就不止是我们的时间了。**

投资者是众所周知的实践者，同时也是启发式程序的长期受害者。投资者通常依赖个人或者最近的，但并不是最相关的信息进行投资。

> 例如，被卡尼曼和特沃斯基称为小数定律（Law of Small Numbers）的概念解释道，大多数人夸大了从不合理的少量样本中所得出结论的重要性。你的凯美瑞（Camry）或许是辆次品车，但它仅仅是那一年售出的

① 2002年获诺贝尔经济学奖。——译者注

400 000辆中的一辆而已。政府工作报告中提到的就业率变动数据、房屋售出量以及CPI，常常会刺激到主要的股票和债券交易市场的买入量与卖出量。“易得性偏差”(availability bias)过分地强调了最近事件的价值；而“代表性偏差”（representativeness bias）则利用了人们的心理倾向，即认为表面上的相似其实传递了更深层的含义。一只无害的猩红王蛇与一只致命的银环蛇，给人们造成的恐惧是一样的。

总的来说，这两种偏差解释了为什么热门基金、股票以及投资建议对投资者会产生无法抗拒的吸引力。如果我们的投资者真正相信有效市场的概念，那么他们就很容易明白，一个一年之中表现超乎寻常的股票，很可能在第二年就处于低谷。回归到平均值这一现象不符合易得性偏差。

对于施瓦布而言，从对于有效市场假说的信仰，转向对于行为财政的崇拜，这种变化绝不仅仅是一次智力训练。有效市场假说把包括施瓦布在内的经纪人，都变为了每月在401K计划包括指数基金中投资的投资者；而行为财政学又把他们统统拉回到依靠提供信息来获取收益的境况。

20世纪90年代末，施瓦布终于从他的那些传统竞争对手身上吸取到了足够的教训：尽管消费者或许不愿意花费时间聆听一个经纪人的宣讲，但是完全不听经纪人的介绍就达成的交易却越来越少；同时，接触点越少就意味着佣金越少。互联网承诺给经纪人提供更多的营销接触点——增加时间，把我们再次倒回到以前的投资经验中，一边是付给传统中间人的费用，一边是对于新产品的抵制。在嘉信理财网站建立之后，股票经纪人再也无须提供任何建议了（暗示着赞同有效市场假说），他们已经在很大程度上背离了原有模式，然而他们必须这样做，尽管这看起来非常危险。在1998—2000年期间，超过140家在线投资公司注册成立，代表这一类型的模式；截至2001年，却只有6家仍然在运营。而嘉信，因为将信息驱动的共同基金一揽子项目整合进了公司，也得以存活至今。

嘉信能够制胜，同时，也是其不同于其他在网络泡沫年代里倒闭的上百家投资公司的原因在于，它成功地将秒表营销策略（或许他们并不是这么称呼的）应用到了商业运营之中——**这意味着他们是以消费行为，而不是以供应商成本为中心。**就这一点而论，他们无疑是独特的，因为我们反复了解到，与消费者相比，供应商对于网上投资优势的理解更是大相径庭。当被问及他们的在线投资如何时，有着相当声誉的美林、先锋、怀德金融网（Marketrade.com）往往都会表示"更高效"；同样，他们还会提及"成本更低"；有时，诉求点则是"不用支出维护砖瓦砌成的实体店的固定成本"。

但是，投资者最经常提到的一个选择中间商的原因，不在于费用，而在于"唾手可得"。这并不是因为他们的冲动、被迫或者谨慎。典型的网上投资者，每周会花上固定的几小时浏览嘉信网页，因为他们纯粹是出于消遣的目的。他们的网上浏览行为，不像是一个猎取财富的人的心理，更像是一个在完美的周末午后、满脑子想着到附近商店溜达的平头百姓。"唾手可得"，这一点被网上投资者高度看重，他们甚至将这一点列为从网上购买运动产品到高端电子产品的首要考虑因素。不计其数的调查者发现，网上购物者会在一天的不同时间搜索信息（也就是购物），但是不会真的如此频繁地购买，不论产品是一台数码摄像机，还是通用电气的股票。一项对于销售商品和投资建议网站的点击率和交易率的分项调查显示，后者高峰出现在早 9 点到晚 8 点之间，而前者高峰出现在晚 8 点到凌晨 2 点之间。你也同样可以把这个理解为消遣型购物秒表的购物时间段。

一个访问者浏览 Schwab.com，就进入到了投资世界中流行的消遣型象限里。这些网上浏览者，往往把晚上的大把时间花费在计算机前，浏览施瓦布的市场洞见，浏览该网站上各式各样的文章，包括凸显市场商品价格以及总统选举对于股票市场影响的文章等。许多文章出自嘉信首席投资策略师利兹·安·桑德斯（Liz Ann Sonders），他曾经与路易斯·鲁凯泽（Louis Rukeyser）一起供职于《华尔街周报》(*Wall Street Week*)，35 年来，他一直在电视上与投资者进行互动娱乐。访问者在网上玩互动游戏、推算虚拟的证券投资组合，直到得出具体的风险预测。仿佛神话故事里的吝啬鬼躲在自己的衣领里数金币一样，嘉信的浏览者可以看着自己的财富起起落落，甚至可以对退休日期进行倒计时。

他们还可以对话查克（Chuck）①。

嘉信最终的消遣型营销策略，是结合了该品牌的传统媒介广告与新型媒介销售体验的产物。2006 年，闻名遐迩的冠军电视节目“对话查克”(*Talk to Chuck*)，借用动画人物表达了对于那些传统股票经纪人的不满。一些人或许会想到在之前一笔交易中和前股票经纪人的所有对话以及紧接其后的宣讲——“我们是在讨论我的孩子们的未来还是他的未来？”另一些人会要求用差者测量表（dog-meter）来评价表现不好的业务人员。此外，还有一些人打着宣传的口号来竞争，比如“你在等待市场的回归？市场是不会等你的”、“价值百万的房子不是我退休的计划”等，这样的竞争标语驱使浏览者主动浏览嘉信网站。在这里，即使他们不能和查克对话，也至少可以聆听到 7 家独立广播节目明星主持人的声音。

这些活动以及它囊括的秒表营销策略，虽然是首席营销官贝基·塞杰（Becky Saeger）和品牌战略与广告部副总裁本·斯图尔特（Ben Stuart）的想法，然而这种灵感恐怕最初只源于查尔斯·施瓦布本人。2004 年，他重新回

① 查克即查尔斯·施瓦布，Chuck 是 Charles 的昵称。——译者注

归他创立的公司，并且很快重拾起最初的任务，对于这一任务最好的注解是**“他们花越多的时间和我们在一起，花在我们身上的钱也就越多”**。这一广告策略为其赢得了广告策略可以赢得的全部；一切都依计划而进行。

- 找到那些投资者，他们对投入在现有经纪人身上的时间不满意——嘉信将这一群人称为“行动速度决定了金钱”。
- 将他们吸引到公司的网站上，在那里，他们可以花上整晚的时间（或许更长），找到许多极具吸引力的接触点，这其中自然也包括了查克本人。
- 白天（当市场并不是碰巧在同一时间开放时）将他们放在嘉信证券投资组合方案面前，他们可以就对冲基金的问题展开问询；同时运用个人的计算系统，比如嘉信指数基金（他们称之为市场跟踪投资组合方案），或者嘉信定向基金。这是一项存在很久了的老牌基金，该基金可以自动根据特定目标数据调整投资额度，同时又可以有一个相对较低的风险保障，通常这一保障通过退休这一途径得以实现。

由于查尔斯·施瓦布的回归，以及公司对于消遣型营销策略的使用，嘉信开始变得越来越出众。截至 2005 年年底，公司的利润额再创历史新高，达到 2.07 亿美元。

消遣型购物的营销策略

很多行业都可以得到在消遣型购物象限中获胜的机会。这其中包括诸如全食超市之类的零售商，但是更为卓著的成功者还要属巴诺与星巴克。根据我们的经验，任何企业其实都渴望在消遣型购物象限内占据一席之地。同样，也有不靠直觉的，比如制造业的苹果以及服务业的嘉信。**每当提及消遣型购物，我们会在当中看到，秒表营销策略最基本的原则之一，就是越多时间，等于越多金钱。**

对这些不同的成功商业故事进行细微的观察，可以为我们提供更多思考。图 4—1 中，消遣型购物象限中的每一个机会，都代表他们最初从其他象限中转移过来的情况。

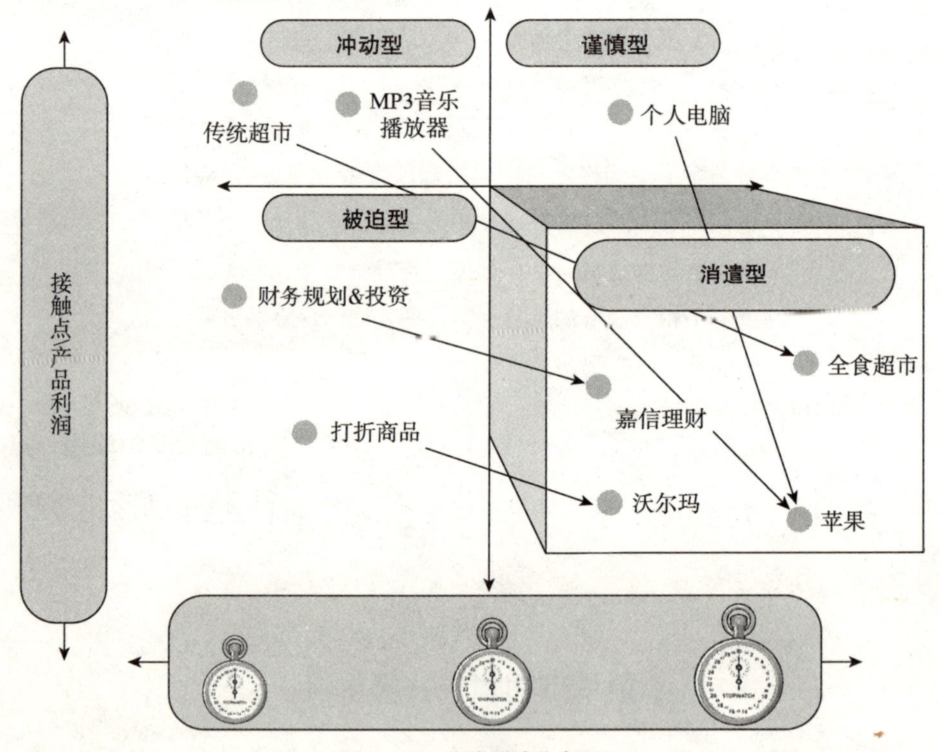

图 4—1　消遣型购物象限

成功的营销者，往往能出色地将大量身处水深火热之中的消费者，转变

为拥有购物癖好的消费者。全食超市将不耐烦的食品购物者转变成为专注的剧院观众；苹果把不耐烦的音乐购买者拉回他们的年轻时代；嘉信劝服了被迫型的投资者，使他们愿意将一个个夜晚用来浏览公司的年度报告；沃尔玛虽然是每日低价型零售商，但却同样给顾客提供了愉悦的购物经历。

每一个行业都可以有其忠实的爱好者，这些消费者经常是为了最不可能的商品而进行消遣型购物，即使位于边缘地带。比如运动产品以及书籍的制造商和零售商，产生购物癖好的区域也能够占到半数以上。

有时，消费者会从边缘地带被引诱到中心地带。约翰·麦基最富有价值的洞见正在于，他看到那些穿着地球鞋（Earth Shoes）或者勃肯鞋（Birkenstocks）的消费者，徘徊在旧式的健康食品店，然后会转移到更加时尚、奢华的店铺，比如贝齐·约翰逊（Betsey Johnsons），甚至是普拉达。这对于制造财富来说是一个惊人的发现。这里没有系统的方法，可以从商机海洋中捞出从消遣型购物中收获的金子，但是我们接触过许许多多的客户，看到过许许多多的案例，从中我们还是可以找出一些典型的。

有时，机会往往就在家门口。很多时候，我们看到许多公司（有客户和无客户）的产品都被定义在冲动型、被迫型或者谨慎型购物象限之内，但是那些少量的消遣型消费者，却往往构成了利润的最大贡献者。当一家公司意识到，人口学、经济更加富足、必然效应（比如，因为交通费用的降低，导致前往欧洲旅游的美国人数量急剧增长）等结合起来，能够使整个零售业在消遣型购物象限内运作时，这家公司就会越来越像美国家居用品零售商Williams-Sonoma。如果你想要了解更多应用消遣型购物秒表原则、把握销售时机的案例，可参见本书的第10章。

时间就是商机

成功的秘诀，不仅仅在于在购物过程中给消费者提供娱乐消遣性，更要将购物本身转化成一种娱乐消遣。永远不要忘记，在任何时间里，只要娱乐消遣是能够与商业分开的，那么它就一定会分开。

就像小酒馆雇用乐队免费为顾客表演音乐，因为他们知道客人在酒馆待的时间越久，他们就会消费越多的啤酒。提供免费的音乐，却不借此增加消遣型购物市场的潜在收益，那就是公共慈善事业了。

第5章 STOPWATCH MARKETING

被迫型购物：抓住决定性时刻

- 去争取赚到那些不愿意花时间货比三家的消费者的钱，其实他们自己也明白这种不情愿是要付出代价的。
- 处于被迫型购物象限的秒表永远不会停止。真正成功的营销方法不在于找寻消费者，而在于保有消费者。
- 被迫型购物的营销核心在于：你必须在降低进入成本的同时，提升离开的成本。

假设你能够在第一时间完成某件事，那么过一会儿再打电话比下定决心现在就打要容易得多。无论你得到的服务有多糟糕，拨打移动电话供应商的电话取消业务，也让人感觉惴惴不安。即使法律上允许保留已经存在的电话号码，大部分用户也不会信以为真。比较、选购移动电话业务，要求你具有极度的耐心，并且还要具备法律专家的表达技巧。你可以将相关的信息都填进一个电子数据表格中，它就像是一只放大镜，帮你看清楚列出的因过早撤消而需支付的带四位小数的罚金（“你的第一辆车，或者第二套房子的净值，取两者中净值较大的”）。

但是，你还是打了电话。你必须这样做，外部的事实驱使你拿起电话。你的女儿马上就 12 岁了，而你却被告知，她即将成为密西西比东部地区七年级学生中唯一没有自己手机的人。此外，你已经忍受了两年的通话中断、含糊的解释以及越来越差的电话设备，而现在你终于可以从上述痛苦中解脱出来了。同时，你还经历了长达半年的家庭抱怨……但是，害怕家庭争端的情绪胜过了害怕电话公司，最终你还是选择坐在计算机前，打开谷歌搜索合适的“手机计划”（cellular phone plans）。

你是一位被迫型消费者。

被迫型购物

少量接触点 + 低利润率 / 快速秒表 = 被迫型购物

威胁是构成被迫型购物行为的最显著特征，被迫型消费者担心做任何购物决定，或者改变任何一个已经做出的购物决定。一旦这一象限中的消费者开始购物，他们就会迫不及待地期待购物的完成。被迫型购物秒表对于那些现有的消费者，快速转动；对于那些潜在的消费者，慢速转动。被迫型购物象限中，购物秒表转速缓慢的那些商品，往往都是顾客愿意花大价钱购买的商品。此象限的营销核心在于：你必须在降低进入成本的同时，提升离开的成本。

被迫型消费者和第 3 章讨论的冲动型消费者一样，他们的购物秒表都转速飞快。一旦这一象限中的消费者开始购物，他们就会迫不及待地期待购物的完成。

时间就是商机

被迫型消费者与冲动型消费者之间的区别在于，二者在区分购物所能够满足的特殊需求时花费的时间不同。购买轮胎或是管钳的过程或许不会是非常愉悦的，但是却很少推迟。而如果是购买汽车保险、安装计算机操作系统、开立银行账户等，因为很少有时间压力，所以情形就大为不同了。被迫型消费者与谨慎型消费者之间的区别在于，二者看待一个购物选择的角度不同：谨慎型消费者担心的是做出错误的购物决定，而被迫型消费者担心的则是做任何购物决定，或者改变任何一个已经做出的购物决定。

所以，在被迫型消费者身上获得营销接触点的机会是最大的，只要处于该象限中的顾客愿意进行一笔交易。但这些消费者与消遣型消费者的状况还不相同，后者只是本着享受的目的进行消费。这样所造成的直接后果就是，一旦商业活动触及到手机供应商、银行、电力机构或者保险公司，要摆脱他们的成本就会非常高。

转换成本，这是经济学家以及市场营销人员的惯用表达，同时也是判断秒表营销策略在被迫型象限中是否奏效的关键所在。被迫型购物象限中，购物秒表转速缓慢的那些商品，往往都是许多顾客愿意花大价钱购买的商品，因为他们认为，这些商品正是被温斯顿·丘吉尔称之为民主的东西：是在所有可能的选择中，最坏的那一个选择。例如，计算机操作系统。

| 微软，包围与扩展 |

根据我们的统计，过去十年中，在被迫型销售矩阵中获利最丰厚的，首推位于华盛顿州雷德蒙德市的微软集团。他们从被迫型消费者身上所获得的利润总额高达数百亿美元，即使消费者尝试运用其竞争对手的产品，也丝毫没有影响到他们的收益。30 年前，从哈佛辍学的比尔·盖茨与其预科学校的同班同学保罗·艾伦，创建了阿尔伯克基－微软公司（MicroSoft Corporation of Albuquerque）；今天，无论是公司最初名称里的连字符，还是公司建立之初位于新墨西哥州的地址，都已不复存在。但是，微软的市场占有率依然十分惊人。经过十年的发展，2005 年 6 月，微软的赢利攀至顶峰，在营业额为 2 630 亿美元的情况下，其营业收入高达 900 亿美元，利润率超高 34%。微软不断提高的地创新能力，使其在经过十年发展之后的 2004 年，成为美国商业历史上资金储备最多的公司：公司流动资金额高达 600 亿美元。

而更令我们叹为观止的是，微软超过 85% 的利润只来自其两样产品：Windows 操作系统和 Microsoft 办公软件[①]。

这两大产品使微软成为秒表营销策略的终极试验场。一方面是因为这两大产品极其畅销；而更为重要的一方面则在于对于这些策略的详尽描述，包括它们的来源、实施和影响，对于公众来说都应有尽有，而这一切还要归功于美国司法部反垄断局（Antitrust Division of the U.S. Department of Justice）。2004 年 7 月，当“世纪反垄断案”结案时，成百上千条相关的调查新闻、供词等纷至沓来，而这一切都是为了指控微软是继约翰·洛克菲勒的标准石油（Standard Oil）之后，美国最大的垄断企业。美国政府与微软民事诉讼案第 98–1232 号（*United States v. Microsoft Civil Action No. 98–1232*）这样的案例，居于被迫型购物象限的中心位置，它证明了根本性的一点：网络效应的影响力。

一个处于被迫型购物象限中的消费者，往往感觉自己是被强迫着去购买某一品牌的产品或者服务的。又因为该象限中的明星企业往往会越来越壮大、越壮大赢利就越多，进而控制购物网络，所以，消费者以及政府的某些部门就会想方设法地找机会说明，这些公司之所以变得越来越壮大、越来越富

① 微软实际将其财政分为七部分，分别叫做“服务与工具”（Server and Tools）、“微软商业软件”（Microsoft Business Solutions）、“移动设备及配套装置”（Mobile and Embedded Devices）等。最大的部分称为“客户”（Client），涵盖了几乎所有的微软操作系统；以及“信息工人”（Information Worker），好比微软办公软件的总代理人。——作者注

有，完全是由于他们的运营过程中存在非法行为。事实上，这些公司（微软、IBM、埃克森美孚、美国电话电报公司）之所以能够立于不败之地，完全是因为它们理解了商业运营网络内，被迫型消费者的内在购物本质；它们紧紧地抓住了消费者的购物心理，有效地运营着整个商业网络，这往往让被迫型消费者感觉到，除了它们，自己已没有任何其他选择。

"网络效应"是一个经济学术语（这一术语与其堂兄弟"先动优势"一样，都是一些陈词滥调），经济学家们用此术语表明大量现有消费者选择购买某一产品时，完全是出于产品所具有的吸引力，比如"5 000万法国人不可能出错"这种论调。基于这个理论，消费者可能更乐意去购买一款二流的产品，因为他们相信，在美国，即使拥有了最新款的柏特迈克斯录像机（Betamax player），也不是什么值得炫耀的事情。

从经济学家的角度来看，一些网络效应是自然的，甚至是不可避免的。

> 例如，一台新的高清电视（HDTV），其质量与相关网络质量成正比。如果美国的电视台和有线电视网络，不能提供像日本那样高质量的频带宽度，那么美国的观众们就会转而使用质量不那么好的电视机，即使质量更好一些的电视机确实存在且在日本流行。

计算机软件操作当然也属于强制性任务，想要精通软件，就必须反复进行文字处理以及网页浏览等操作。很清楚的一点是，一旦计算机用户花时间掌握了微软操作系统，他们转向其他操作系统时的成本就要提高。但是，尽管这些非常有影响力，微软却并没有仅仅满足于此。它们拥有另外一套秒表营销策略，同时，它们也从来不忌讳将自己的营销策略公之于世。

1996年1月23日，一名叫做迪安·巴拉德（Dean Ballard）的微软雇员，将一份明显带有煽动性的音频文件在公司的新闻组中公开。这条音频的名字叫做重组之战歌（*The Battle Hymn of the Reorg*），部分内容如下：

> 我们看到了即将来临的网络时代的光辉，
> 我们提高了市场占有率，我们的目标即将达到。
> 不久，我们的浏览器就会遍及全球各地，你也会看到这一点。
> 我们在包围，并且还在扩展！

“包围和扩展”，是广泛流行于网络的口号“包围、扩展再毁灭”（有时也称“根除”）的缩略语。微软6万名员工中的每一位，都深知其间内涵。

- 包围：开发一种产品，既能挑战大众的评判标准，又能与最大竞争对手的产品进行角逐。
- 扩展：给产品增加一种特色，而这一特色正是公共评判标准所不涉及的，同时也是竞争对手的产品中所没有的。
- 毁灭：产品特色能成为该领域产品的新标准，竞争对手在此毫无竞争力。

时间就是商机

被迫型购物营销策略的核心正在于：去争取赚到那些不愿意花时间货比三家的消费者的钱，其实他们自己也明白这种不情愿是要付出代价的。这就需要营销者必须在降低进入成本的同时，提升离开成本。

微软对此了如指掌。比获取Word、Outlook、网页浏览器的操作技能更有价值的，是存在于硬盘上的资料，它们可能值几十元、几百元甚至几十亿，这些资料只有用微软操作系统及办公软件才能打开，无论是电子表格、文字处理文件、合同还是信函，当然也包括本书的手稿。

这才是构成微软的两大基石：消费者衡量微软价值的关键在于，他们虽然花了一些时间来学习这些看似复杂的办公软件，但是应用这些软件办公本身又为他们节省了更多的时间；而一个操作系统对于消费者的价值，或许完全是无须衡量的。

一个操作系统只是一种工具，一种必须掌握的工具。

结果就是，对于大部分人而言，购买一个计算机操作系统的时间几乎为零。但是，同样一个消费者，却愿意花费几小时甚至是几天的时间购买计算机硬件（在此，微软的毛利高达 84%，这也就说明了计算机制造商只能在此获利 5% 的一部分原因；微软通行证的费用，远远高于一个低端计算机系统的售价）。

> 目前，微软个人计算机的市场占有率高达 90%，并且由于微软将自身的搜索引擎软件、网页浏览器等预先安装在了操作系统之中，所以，使用微软网络浏览器的客户也占到整个市场的 90%。2004 年 11 月，微软网页浏览器使用人数的市场份额下滑到 92.9%，这成为了计算机行业新闻出版物的封面新闻。

但是，Windows 并不是真正的购物对象，被迫型秒表营销更大的赢家其实是微软办公软件。尽管 Windows 占据垄断地位，并对微软的收益做出了惊人贡献——2005 年，该系统为公司带来的收益是 122 亿美元，其中营业收益高达 94 亿美元[①]，其中的大部分收益，来自于计算机制造商们给计

① 微软是分别计算总收入和营业收入的，但是，其巨额的管理费用，并未在两者之间显示出多少差别。在上一个财年中，其管理费用超过了 50 亿美元。——作者注

算机安装微软操作系统时所缴纳的申请许可证费用——但人们购买这些机器并不只是为了运行这样的操作系统，他们更需要应用这一操作系统来处理文件、进行计算、交流以及制作幻灯片等。这的确是一个事实，从文件被储存在 8 英寸的软盘上、由菊花轮式打印机打印出来的时代开始，这就已经成为一个事实。或者更具体一点，自从 1978 年，个人计算机软件开始广泛使用的奇迹年（annus mirabilis）诞生了文字之星（WordStar）和石灰粉（VisiCalc）两个全球首款文字处理与电子表格程序之后，这就已经成为一个事实。

这些具有划时代意义产品的问世，只是几个月时间里的事情，在此不再赘言。

时间就是商机

从秒表营销的角度看，一个商业行为最终总会或多或少地被划入消遣型（就是购物爱好）或谨慎型（就是信息技术专家，虽然当时还没有这样的词汇）购物象限，这增加了上百万的潜在消费者，而他们当中的绝大部分，都属于被迫型消费者的范畴。

但是，他们所处的被动情形，绝不及软件诞生之初的那个时代；当时，计算机软件的经销商们，至少备有 6 种以上的硬件配置和操作系统，以确保所有的硬件配置都有相匹配的软件。还记得苹果的 Commodore 64[①] 吗？**只有非常微小的原始市场以及随后迅疾的增长速度，才能够战胜这些被迫的消极因素，确保每年都有大量的新顾客加入到游戏当中，并且没有某种形式的投资**。至于转换产品所要承担的额外支出，对于这些消费者而言是不存在的。但即使这样，他们的购物行为依然是高度被迫型的；上百万的潜在消费者都认为，他们今天购买了某一种计算机硬件以及软件，一年之后，同品牌计算

① 1982 年 8 月发行的 8 位元家用型计算机。——译者注

机硬件及软件系统的速度会提升一倍，而价格则会降低一半，这就使他们不可能十分积极地投身于购买。

他们当然有理由怀疑。一堆堆令人头晕目眩的应用软件包，在短短十年间竞相上市。文字之星被完美文字（WordPerfect）所取代、石灰粉被莲花 1–2–3（美国莲花公司出品）所取代，而他们的成功最终吸引微软加入到了这场应用软件的游戏之中，并且成为掌控被迫型购物的真正力量。

起初，行业老大莲花 1–2–3 的领导者并没有遭遇到 Windows，微软最新的电子表格组件 Excel 的战略目标，只是用来保证操作系统会大受欢迎。但是不久之后，微软就赢得了大众的喜爱：1990 年面世的 Windows 3 操作系统，上市仅 6 个月即卖出超过 500 万张操作光盘，一举将其竞争对手们（计算机迷们能记起的名字有 CP/M、OS/2 和 MS-DOS）送进了历史的长河。应用软件与操作系统相结合的商业战略，给微软带来了无限商机，尽管当时有人担心，分开发展会阻滞直接的交流，但是后来的巨大成功消除了所有可能的反垄断抗议。

从长远考量，微软更大的优势在于，1989 年之后将 Word 和 Excel 并入被称为微软办公软件的一整套程序之中，以一种完全干净利落的方式，使其用户可以从完美文字和莲花 1–2–3 之间任意转换文档。但是，如果该过程反过来，则意味着 Word 和 Excel 的设计将使两者本来显著的功能特征——强调、显示以及计算——全都丧失了。在为一个一次性害虫防治品牌 Roach Motel 编程的过程中，消费者可以自由登录微软的办公系统，但是一旦登录，注销的费用则十分昂贵。这一策略无疑是非常成功的，它迫使一个典型的消费者花上所有的购物时间，认真研究究竟要购买 Word、Excel、à la carte 还是其他微软办公软件。而这一结果，正是“包围、扩展再毁灭”口号再典型不过的示例了。

然而，当反垄断部门在其反垄断声明中引用上述三个词语的时候，这支鼓舞人心的歌曲却开始吞噬微软。这一特定的、无目的的指控，实际上完全是技术层面的；在其他一些条目中，微软被指控运用了一项被称为对象链接与嵌入（OLE）的技术。该指控认为，微软通过在其网页浏览器上使用该技术，对网景导航者（Netscape Navigator）构成行为降解。最终的判决其实只是象征性的：微软必须允许其竞争对手生产的应用软件安装在微软开发的操作系统中。

当时，自由主义者批评了政府所起的作用，他们认为人为强制性地给产品注入转移成本无疑只能起到暂时作用，所以，选择法律诉讼并不是个好主意。无论这一争论是否公正，后果却都要微软予以承担。正当微软运用被迫型秒表营销策略，成为全球获利最丰的计算机生产商之时，也同样是这一策略，成为其公司发展史上一块不容小觑的绊脚石。

即使微软这样的公司，也和其他公司一样，需要符合被迫型购物的共同规则。由此，曾经让微软大获成功的同一个“包围与扩展”战略，现在却开始让微软看起来很脆弱。雷德蒙德的员工，不可能是唯一寻求降低转移成本的人群；开放源码（也就是免费问询）软件以及速度更快的免费网页浏览器（比如火狐），微软对于他们的畏惧是可以预见的。一些令人尴尬难堪的内部备忘录泄露后，如今已经成为了公众记录的一部分。用分析师罗布·恩德勒（Rob Enderle）的话讲，“市场份额被没有营销预算的人超过”，真是非常无趣。

其他人从微软身上获取降低转移成本的手段，对于微软来说可不是一件好事。而更令微软感到担忧的，还在于那个日益严峻的“足够好”（good enough）的问题：微软越来越难于说服其消费者花上几百美元购买一套新的微软操作系统，而这套操作系统最大的改善，却只是增加了30种新的字体。

> 经济学家认为，对于一件真正长久耐用的产品（指那些绝不会用坏也不需要更换的产品），即使作为垄断行业，它也必须降低价格，使它越来越接近边际成本，以此来吸引新的消费者。对于那些高需求的产品，理论的经验是尽早购买；但是低边际成本以及零递减率，使低需求的产品同样足以吸引消费者。这被称为科斯猜想（Coase Conjecture），以其创造者、诺贝尔经济学奖得主罗纳德·科斯（Ronald Coase）的名字命名。

这一结论并不是普遍存在的，甚至也不为人们广泛接受，但是它却给了微软重重的一击（其理论创始人将软件称为“最耐用的东西”）。因为担心失去定价优势，微软很少推出新产品（有时，公司几年也不推出一款新版的办公软件、操作系统或Xbox游戏，但这并非公司的错误），但现在已开始重新编排其整体的市场组织结构。新的组织更名为Marketing@Microsoft，其任务是为了建立与发展一种与消费者之间长期有效的互动关系，使世界上最勉强的购物体验的触角也能够延伸进消遣型或者谨慎型购物象限内。

时间就是商机

对于我们来说，这一决策并不是对于被迫型秒表营销策略的否认和批判，而是一个成功运用秒表营销策略的典范：当你在一个象限中无钱可赚之时，当然要适时转入另一象限。

很少有公司会遇到这样高级别的问题。微软在其所有触及到的商业领域

里，市场占有率均高达 90%，而这一切都应归功于它认识到了消费者更换计算机软件需要支付高额成本。有时，高额的转换成本并非就是产品的一个基本特征，但却可以将其当做从被迫型购物象限中获利的一种方式。这里有一个我们所熟悉的例子，就是新近风靡全球、资产达数万亿美元的产业，即本章开头所提到的：手机服务业。

手机服务业，关注价格

鉴于手机的普及程度，年轻的读者们或许会认为，手机是一个无处不在的通信工具。手机服务业最显著的一点，不是它有多么普及，而是它有多么年轻。

手机服务业兴起于 20 世纪 70 年代，1982 年由美国联邦通信委员会（Federal Communications Commission）予以委托管理，直到 1997 年，该行业才成为我们现在所看到的样子。1997 年 4 月之前，联邦通信委员会拍卖了无线电频谱频率（the frequencies of radio spectrum），计划用于无线通信。当时移动电话服务行业里，到处都是刚启动的公司，如麦考蜂窝通信公司（McCaw Cellular，现隶属于美国电话电报公司）和声流公司（Voicestream，现隶属于德国电信）控制。蜂窝技术的首次应用，将一个服务区分割成若干个小的区域。

手机服务 1983 年率先在芝加哥开始。然而直到 1990 年，该行业的规模仍然很小。正是在那一年，微软在不到 6 个月的时间内售出 500 万张 Windows 3.0 的软件光盘，而当时美国拥有手机的人数还不足 50 万。1997 年之后，随着本地以及外地电话公司（不无讽刺的是，它们中的一些曾经隶属于贝尔系统，持有着推动蜂窝技术发展的大部分专利）的进入，游戏彻底地翻牌了，并且变得无法预测。尽管像美国电话电报公司、春

> 泉（Spring）和威讯科技（Verizon）这样的公司，无论在财力还是智力资本方面都很富有，令人无法匹敌，但是在消费者市场的经验方面都还是相对来说比较贫乏的。顶级商业巨头在这个新兴的垄断行业中逐渐生成，他们在这个新的手机服务领域中展开世界范围的竞争，更多依靠的是胆识而不是感觉。
>
> 庆幸的是，他们的产品成为了众所周知的、更好的商业诱饵。1987 年，手机制造商仅拥有不到 100 万的消费者；五年之后，这一数字飙升至 1 100 万；再五年之后，联邦通信委员会的统计显示消费者已高达 5 500 万。同时，尽管行业普遍恐慌地认为手机服务行业的增长不会超过 50%，但截至 2005 年，又有 1.5 亿的新增手机用户。

把带有这种增长曲线的行业定位在被迫型购物象限当中，似乎有违常理。但是，这就是其所属的象限，即使这一行业被迫型购物秒表的建立，并非基于消费市场的需求。手机产业将其消费者推入被迫型购物象限，这并不是它们的意愿，只是不得已而为之的事情。

1996 年，当安德鲁·苏克瓦提（Andrew Sukawaty）加入春泉时，公司刚刚完成第一轮的个人计算机服务展示。这一立足丁 10 亿兆赫电波谱系的操作系统，为我们提供了向消费者售卖更大范围电子服务的潜在可能性，除了声音交流技术以外，这一服务还包括文本消息、照片传输，甚至另一种被称为数据优化演进（Evolution-Data Optimized）的电视或广播技术的改善。但是，无论你的电话是现代的还是传统的，以上所有的这些服务都要依赖于电话的使用。人们选择不昂贵的电话应用此系统，使得这一项目有了自身的意义，这就好比让一辆柴油机车改走高速列车的轨道。

但是，让人们为自己的高速列车买单，前景却并不一定光明；**高科技市场里一条不变的至理名言正是，在真正拥有一款产品之前，消费者永远也不**

会知道，他们究竟想要什么。面对消费者需求与消费者愿意支付的费用之间的鸿沟，苏克瓦提认为，春泉应当占有并资助电话市场，以确保春泉网络未来的价值。

这笔资助的数额是巨大的，有时，甚至花在每一个顾客身上的钱都超过上百美元，而唯一能够使这一开支获得平衡的方法，就是允许消费者在足够长的一段时间内分期付款。由此，产生了为期两年的合同，同时也是因为这一纸合同，使得手机的购买者成为被迫型购物象限中的一员。

这里我们需要注意的一点是，在这样一份长期的合同时间之内，没有什么是不可能发生的；而欧洲的情况（一个诱人的市场，假设其市场渗透力更强）却恰恰相反。

> 在欧洲，手机制造商与手机服务商至少是平等的合作伙伴关系。而在美国，41%的手机购买者只有在签订了新的手机服务计划之后，才可以拿到新的电话；29%的消费者仅仅因为手机坏掉或者遗失了才维修或者更换手机。如果想要与剩余30%的独立手持设备制造商竞争，也就是那些独立于手机服务之外的制造商，几乎是一件不可能的事情。在美国，威讯一家的广告宣传费用就是其他所有手机设备制造商广告费用总和的3倍之多。这也就解释了为什么，全球最大的手机制造商诺基亚，在美国市场中也会碰壁。在美国，其市场占有率仅有16%，不及这一芬兰手机巨头在欧洲市场占有率的一半。

但是，春泉及其竞争者做出的将手机服务与受到资助的手机设备结合起来的决策，并不是简化消费者任务，而是使它更复杂，因为收购新的注册用户非常容易。截至2006年，几乎80%的潜在手机用户都成为了实际的手机用户——手机产业开始应用一种新的计算成功度的公式，一种基于利润而不是增长的方式。或者以该行业内的首字母缩略词而言，称做每用户平均收入（Average Revenue Per User）。

平均收益是支配消费者选择手机服务的一个关键性决定因素。根据我们在此方面的经验，消费者的购物过程包含四个独立的维度，手机评价、手机网络的覆盖面、每次呼叫的价格以及可以得到的一些其他附加产品特色，比如文本处理、铃声定制等。而唯有最后一个维度才为提供商在每用户平均收入上提供了改进空间。

无论何种情况，商家离这四个维度的距离越近，就越有能力促使消费者做出一个购买决定。拥有最时尚的手提电话或许是一些消费者的目标，但是他们在自己所选定的手机服务套餐范围内实现它的可能性却并不大。我们非正式地调查过一些高收入、受过高等教育的手机用户，让他们分别对威讯、T-Mobile（德国电信的子公司）和春泉手提设备的价格和功能做出评价，得出的结论是：

- 80 部手机中，大概有 50 部的售价都在 49.99 美元或者更少，仅有一款手机可以在不止一家供应商处获得（摩托罗拉 RAZR，可以从不同的供应商处得到不同颜色的手机）；
- 我们的团队花了一个多小时的时间才完成一份对比图表，即使我们事先就做了工作，列出所有的电话品牌及其售价情况。

过了一个小时，才仅仅是开始购物，我们发现如果你心仪的是诺基亚 8801，那么你最好还是喜欢 T-Mobile，因为春泉和威讯科技都不提供此款手机。如果你是这样的消费者，即手机是决定你选择哪家服务商的决定性因素，那么根据我们大量市场调查的结果，你也同样属于稀有消费者：只有不到 1/50 的消费者会根据一款特定的手机来选择其服务商。

对于消费者来说，最重要的一点是覆盖程度，这同样也是一大问题，因为这也往往是最难于评判的。辛格乐（Cingular）可以吹嘘其掉线率最小，威讯也可以成为最受人信赖的国内网络，但是消费者却非常理性，他们对此表示怀疑。尽管上述声明在客观上都是正确的，但是他们对一个典型的用户来说显然毫无意义；或许威讯的信号可以覆盖从华盛顿到纽约 200 米长过道中几乎 95% 的区域，但这同时也意味着，其用户在美铁（Amtrak）的列车上，就有可能处于巴尔的摩的网络覆盖之外，并且可能会每隔 30 分钟面临一次通话中断的窘境。即使是在信号完全覆盖的区域，也有可能接听不到电话。同时，当用户从超市的一头走到另一头的时候，他就有可能面临漫游费的变更问题。

用户当然可以从手机供应商的网络上下载信号的覆盖面积图，同时尝试找出在服务范围之内的典型交流路径，如果你在评估过 60 款不同电话之后还有 1 小时的时间，甚至还可以对多家供应商做出比较。

特征当然是一个方面，但这一点并不足以构成用户选择的唯一标准。同时，每一家供应商都计划提供短信业务、呼叫转移业务、内置相机、PDA 以及音乐下载软件[①]。值得一提的是，春泉 / 纳克斯泰尔（Nextel）还提供了一系列品牌作为附加品，包括美国国家美式橄榄球联盟（National Football League）、迪士尼和美国娱乐与体育节目电视网（ESPN），这样既可以从与

① 当我们写这本书的时候，情况就是这个样子。我们注意到，当你读这本书的时候，机会也许已经就在你手边，一款普通的手机就可以帮助你打开车库的门、操作自动取款机、代替信用卡的条码，以及支持可视电话会议。——作者注

众不同的产品方案中获利，又可以通过强大的吸引力促进品牌信用卡的获取。

剩下的问题就是价格了。

由于内在的清晰性，价格是减轻威胁最有利的方式，而威胁是构成被迫型购物行为最显著的特征。对于任何一个缺乏高端产品价格知识的人来说，诸如看价格这类最简单的办法，就好比一个落水之人看到了小木筏一样激动。你无须知道 CDMA 是否优于 GSM，或者诺基亚 3120 用 AT&T 的 SIM 卡是否适合，或者是否有权将“对象交换”（OBEX）应用于你手机的蓝牙系统（还有，究竟什么是蓝牙技术呢？），你需要比较的只是价位。

但也并不是那么简单。对于大多数消费者来说，正确的价位选择就是那些月功能费最低的套餐，但是要把每月费用相加算出一年的总花销，却可能比挑选手机或者算出年平均花销更让人烦恼。将免费通话时长、亲情号码业务以及每月的功能订制费用相结合，是最完美的套餐计划；但是除非消费者养成习惯，保存了几个月以来与家人的通话记录，或者知道如何分析 Excel 表格中的那些数据，否则他就没有这么幸运了。这样所导致的后果就是，用户通常都会选择最简单的月租套餐，即使有一个复杂一些、但却更实惠的套餐。

尽管大概有超过半数的人要花冤枉钱，美国的家庭通常还是更青睐用统一价位的服务，不仅是电话服务，其他诸如公共设施管理费、电费、天然气费、水费甚至健身房的费用也包含在内。这是由一种源自于“统一价位偏见（flat rate bias）”的心理因素所导致的。经济学家提醒我们注意，这一偏见中带有四种不同的潜在资源。

◥ 第一种“出租车公里效应”（taxi meter effect），指当不用同时考虑付钱和使用时，购物交易更愉快。

- 第二种“保险效应”（insurance effect），指那些避险型的消费者，会尽量避免费用中出现的不可预知的变动[①]。
- 第三种“便捷效应”（convenience），指消费者花费在搜索产品信息上的时间，远远超过其最终做出选择的时间——那些花在画制覆盖面地图、对免费通话时间做敏感性分析上的时间。
- 第四种“过高估计效应”（overestimation effect），指的是近十年的持续研究表明，消费者总是过高估计他们的自身需求。那些声称每月通话时长在800分钟的手机用户，实际的通话时长平均只有220分钟。

被迫型购物秒表在针对不同顾客以不同速度运转时最为适用：对于那些现有的消费者，快速转动，而对于那些潜在的消费者，慢速转动。通过设计和一些其他的偶然因素，手机供应商总是将他们已有手机购买者的购物秒表转速提高，以使这些顾客根本无暇顾及购买新产品的实际利益在哪里，或者，他们甚至都还没时间打电话征询其他家庭成员的意见。而如果拨出了这样征询意见的电话，手机供应商的锦囊里就会出现另一条解语应对。尽管手机行业还处于稚嫩期，尚且缺乏区分顾客的过多经验，但是他们却已经足够了解这一现有消费者群体。只要其中的一位现有客户表现出，他的购物秒表可以转动足够长时间，让他可能从另一位供应商处消费，我们的手机供应商就会马上在第一时间向他展示他们的计划有多么契合他的需求：可以省钱，同时

---

① 1999年，我们两位在消遣型购物象限中赢得了诺贝尔奖的朋友，特沃斯基和卡尼曼，向我们揭示了这样一个原理：消费者会把一次失败的事实放大两倍，而将自己的成功只看做一个即成事实。——作者注

又拥有他所有的通话记录。结合这个撤消业务的电话，手机制造商可以计算出：

- 消费者的时间价值；
- 他使用公司服务的潜在可能性；
- 他的信用度——商业信用度至关重要，一个不良的信用记录会影响公司年收益的 6 个百分点。

以上三个特点，有助于手机供应商争取自己的消费群体，并且使商家能够非常精准地把握他们应当花多大的价钱保住一名消费者。正是在这一精确的时间范围内，手机制造商显示出对于被迫型购物象限之中、最紧要购物接触点的拿捏能力：这一时刻，正是一名“当前消费者”（有利可取的）转变为“前消费者”的时刻。我们姑且不论经济学家蒂姆•哈福德（Tim Harford）的“迷惑定价”（confusion pricing）概念，实际上每一位手机供应商，当他们询问并试图扫清每一位顾客心中对于资费计划的疑虑时，他们都准备了另一套备选的省钱方案。

注意这里的前提——“当他们询问的时候”。尽管春泉、纳克斯泰尔和它的竞争对手们都投入了大量的资金用于软件更新与人员培训，以便可以快速地帮助消费者查询通话清单、制订最佳手机计划，但是，他们中没有一家会在消费者询问上述问题之前就提供这一服务。哈福德和尤吉尼奥•米拉维特（Eugenio Miravete）研究了移动电话公司顾客的讨价还价规律，并认为，他们选择保留此种权力——他们与感觉不满意的顾客的最有力的接触点，是一种价格歧视，即根据支付意愿细分消费群体。那些不愿意花五分钟时间争取一个更好方案（这些消费者或许会被划入被迫型消费的行列）的消费者，必定要花更多金钱；而与之相反的消费者，则会花费少一些的金钱。

随着辛格乐、春泉、T-Mobiles 以及威讯纷纷进入它们的第 2 个十年，为争取实现他们的目标，不断增加他们在每一位消费者身上的平均收益额，他们或许会进一步关注对他们的服务满意的那一部分消费者，而不会将重点放在那些显然已经想要离开的消费者身上。这些细分的标准包括：通话行为、信用记录以及购物秒表转速。到目前为止，他们现有的模式还是足够赢利的，所以，**他们最为关键的营销接触点，在于保持现有的服务状态——关注价格。**

如果我们说，一个在不到十年时间内、消费者数量从 5 000 万激增至 2 亿的商业领域，依靠的是被迫型购物的营销策略，即防止消费者离开，而非在第一时间争取到他们，这听起来多多少少会有些奇怪。但是简单的事实就是，手机行业惊人的快速增长，依靠的并不是其出众的营销策略，而是便携式移动手机沟通的巨大吸引力。但是这丝毫未影响到手机业的繁荣发展，增长就是增长，即使这一行业从零点起步。但是，同样的道理并不能解释此处关于成功运用被迫型营销策略的最后一个例子，这个行业自巴比伦时代就已经存在了。

康美，拥有恒久的消费者

北美产业分类体系（North American Industrial Classification System）、联合美国人口调查局（U.S Census Bureau）、劳动统计局（Bureau of Labor Statistics）以及经济分析局（Bureau of Economic Analysis），将 6 位的数字密码输入到每一家已知的商业组织当中。分类的数字越接近，其商业性质则越相似。因此，杂志出版商（511120）要更接近于图书出版商（511130），而远于动画制造商（512131），尽管这三个行业都隶属于信息产业（51）。运用同样的逻辑推算，该系统将银行业分为52110和52120两个代码，接近于代码在44以及45的零售业，这一分类跨度包括了从鞋店到超市以及加油站的所有领域。

显然，北美产业分类体系从未听说过康美银行（Commerce Bank）。

1973年，弗农·希尔二世（Vernon Hill II）建立了康美银行。当时（今天仍然如此），希尔拥有宾斯法尼亚东部蒙哥马利和巴克斯郡附近的41家汉堡王专营店。康美发展成为一方的金融势力——最近5年来，从大西洋中部到弗吉尼亚再到康涅狄格直至佛罗里达，遍布了康美银行，其资产平均增长36个百分点，净产值增加31个百分点——而这一系列成绩的获得，则是通过改变最为被迫型的行业，零售银行（retail banking）的动态过程而实现的。

尽管没有任何有关圣殿骑士团（the Knights Templar）或者罗斯柴尔德家族（the Rothschilds）[①] 总部关于未来营销策略的信息记录，但是，银行在意大利建立之初，就一直面对着零售市场的现实——银行是一个接受存款以及办理贷款的公共区域。今天，这些现实是确确实实的：虽然没有耗费几千万美元的一个接一个的品牌宣传活动，但是银行业务已经被人们认定为一种商品。因为大部分银行都出售相同的产品与服务，所以每一家银行在本质上都是一样的。尽管电话以及网上银行业务已经普及，但是银行每一笔交易、每个网点的成本还是居高不下，同时它们在通过这些营业网点为其顾客提供高质量的服务体验方面，也显得差强人意。

存款是零售银行最主要的利润来源。但是，利润最高的细分群体，办理小额业务的家庭，一般却没有受到足够重视，部分原因是缺少有效的、能准确预测的工具以及从终身客户获取利润的能力。考虑到估计获利能力很困难，

① 欧洲乃至世界久负盛名的金融家族，号称欧洲“第六帝国”。

就不用奇怪为什么能把现有客户从低利润转变为高利润客户，在利润增长方面表现出强劲竞争力的银行竟然凤毛麟角了。

消费者质疑的挑战、营业网点的华而不实，以及无效的消费者分类，这一切使我们几乎可以肯定，惯常的客户零售营销策略一定是让人失望的。

30年前，希尔的新投资也同样面临这样一系列问题，而他采取了设立分行的商业措施。于是，有了以下的历史时刻，其他商业银行开始眼睁睁看着康美的营业网点，犹如成本中心一般源源不断制造利润。希尔认为，通过不断改善顾客在分支银行的良好体验，他同时也可以增加其他银行顾客改变偏好的可能性，并且加强康美顾客被迫型消费的概念。或者我们也可以说，他利用了不变的资产，即康美银行零售网点，一方面降低新顾客的开户费用，一方面提高老顾客的销户费用。

这一首创，已经足够掌控秒表营销策略，目标正在于，让消费者感受到他们自己的时间的价值。其他银行营业时间都是固定的，但是，康美银行不是这样。你不用去想家得宝、麦当劳或者星巴克什么时候才营业。他们永远都营业，你只管去就可以了。我的理论就是，如果你打广告说你周末同样营业，那么，消费者自然认为你是24小时全天候营业。这一讯息的传达比存钱重要得太多。这就相当是说，“我们一直在这里等着你。”事实也的确如此：所有的康美银行及其分行，每周7天营业，周一到周五早上8∶30到下午5∶00营业（有两天晚上会更晚），周末则半天营业。

对于消费者而言，除了时间上的便捷，康美银行的好处还有很多；但是对于康美而言，仅仅时间上的一个保证就已足够。如同微软提供与莲花1-2-3或完美文字同样的软件，康美银行的基本服务种类也和美联银行（First Union）、花旗毫无二致。但是，其服务却比其他银行一周多提供20个小时。

并且，康美将其业务简化为个人订制，而非针对全体客户应用一成不变的策略。

额外的服务时间以及简化的购买过程，增加了其潜在的新顾客人数，因为这些顾客会发现，在康美开户要远远容易于其他银行。而这仅仅只是一个开始。效法消遣型购物象限中的成功典范，比如沃尔玛、苹果的营销策略，康美决意在被迫型购物象限中取胜的决心，绝不仅仅意味着营业时间更长这么简单。这意味着，康美的每一位员工都需要对待存款者犹如对待自己的粉丝一般。即我们要拥有这样一套哲学，每次有人路过银行网点的时候，都会不由自主地惊叹："天呀，那么多的顾客！"

简而言之，就是康美必须把自己定位在一个强有力零售商的位置，而不是一家银行那么简单。

当我们将秒表营销策略呈现在客户面前的时候，我们经常会强调"有力销售十大原则"：

- 他们应该了解他们的消费者；
- 他们应该精确定位他们的目标消费者群；
- 他们应该发展一种与消费者感情相联系的品牌承诺；
- 他们不应该放弃努力展现对品牌的承诺；
- 他们应该保证一个始终如一的品牌效应；
- 他们应该创造一个让消费者为之赞叹的零售环境；
- 他们应该不断地创新产品与服务；
- 他们应该将利益范围不断向新的市场与领域扩展；
- 他们不应该过分强化每一天的商业运行过程（但是应该强化品牌的良好形象）；
- 他们应该尤其关注品牌及企业的运营状况。

上述十条原则，并不是只要求我们的企业记住那么简单；尽管他们需要掌控整个市场运营的哲学，他们也同样需要建立自己特别的市场营销接触点。同时，我们不厌其烦一再重复的正是，**每一个营销接触点都与一位具体顾客的秒表转速紧密相关。**在零售银行的案例中，秒表的第一次“滴答”非常重要。我们的研究表明，例如当一家人更换居住地之后，他们至少对银行业务是被动的接受者；显然，重新申请开户的需要，让很多消费者重新考虑现有银行业务的关系。

大部分的银行将其重度消费者（heavy users）定义为商业消费者，也就是那些需要最广泛银行服务的人群。但是当康美银行这么做的时候，它们却运用了另外一种全新的阐释方式：低成本存款生存之道。意思就是，消费者愿意接受低于市场利率的存款利率，但是，这种意愿并不是迫于不良信用记录或一些其他问题而无法得到其他银行的业务帮助。而是简单化的开户手续；提供非康美自动取款机提款的零手续费；为新开户顾客即刻开通信用卡或借记卡；甚至同时为新客户清空户头。

康美银行与其他传统银行的不同正在于，它们不向顾客收取使用零售业务的额外费用，传统银行在这一业务上的收益其实也仅占其年收益的20%。希尔洞见到——一个曾经的、也是未来的特许经纪人——尽管饮料和薯条比汉堡利润更大，但是，汉堡王也绝不会让一个只买华堡（Whopper）的顾客排长队等待。“真理就是，银行家们并不都十分聪明。那些遵守80/20规则的人，最后一定输得最惨。”**希尔认为，消费者之所以选择汉堡王或者麦当劳，并不是因为价格，而在于持久的品牌体验。**

对于那些想要运用有效销售十大原则的企业，麦当劳的例子无疑是极具说服力的。康美不仅仅效仿快餐巨头的样子，设立自己的分行——几个月的前期宣传、发送直接的邮件邀请函、举行一天的巡游以及给孩子们发送气球和彩带——他们还培训自己的员工也要以同样的方式对待顾客。

> 位于新泽西樱桃山（Cherry Hill, New Jersey）的康美大学（Commerce University），是麦当劳汉堡大学（McDonald's Hamburger University）的完全翻版，其中心任务正在于，向学员们灌输康美银行的客户服务文化理念，学院督导员就是一名前任的麦当劳雇员。每年，从康美大学毕业的学生——来自超过400家分行的优秀代表，齐聚康美参加"好啊！"颁奖典礼。典礼包括舞会、激励销售会议、鼓励奖励宴会等。席间，公司将为"最佳全勤出纳"和"最佳销售员"，颁发代表公司名称的"C"型小雕像。

华丽商店的建立、友好热情的职员、营业到很晚且周末一样营业、传统的广告宣传（围绕康美的口号以及独特的销售主张展开，直接道出被迫型消费者的心声："全美最便捷的银行"），这一切都是营业接触点，并且他们的运作都处于购物过程的早期。但是，**处于被迫型购物象限的秒表却永远不会停止。真正成功的营销方法不在于找寻消费者，而在于保有消费者。**被迫型消费者，往往会花上数月甚至数年时间，积累资金或者实力，更换一个软件操作系统或一个手机供应商，但是，对于那些将公司赢利模式基建在，寻找愿意放弃高存款利率以获取更优质服务的企业而言，他们无疑会失去消费者（他们的开户人），因为其与业务相伴的服务并不尽如人意。分支机构里的经历，就如同一个快餐店里的干酪汉堡一样。

这也就是为什么，在银行业中非常独特的康美银行，愿意花费重金打造消费者的神奇购物之旅：付钱让观察者们光临银行，然后请他们提交对于在康美购物的经历描述。康美每年大概建立8 000家这样的神奇商店，每年每个分支银行可能有200个顾客都是花钱雇来的。加之另一个传统银行获得零售成功的方法[①]，康美利用神奇商店，建立起员工在康美大学所学习到的传奇服务模式。这样一来，康美的消费者不愿意离开也就不足为奇了。诚如著名的金融服务咨询公司Novantas的总经理莱斯·丁金（Les Dinkin）所言：

> 在所有的零售银行中，康美是为数不多的成功者，并且更重要的是，康美所践行的，正是其他行业的零售商一直以来都在践行的营销准则：如果你为顾客创造出一个好的购物环境，而不仅仅只是给他们一个勉强可以接受的环境，那么顾客就不仅仅是选择与你打交道这么简单了，他们可能会长期地与你合作，并且还会把你推荐给其他的朋友以及工作上的合作伙伴。

成功？我们还是回到新客户开户，这个他们认为是被迫的行为上来（增加已有客户的被迫性，以使他们不再作此评价），康美的开户利润很低，但是这却在另一方面，通过正在削减的次贷、第三方贷款等，为他们赢得了更多的放款业务量，而这也使康美抵御次贷危机这一经济服务部门常见危机的能力更强大。正是由于康美依赖其那些拥有特殊动力的雇员们，所以才能够避免其他银行所遇到的金融危机（尽管2006年年初，他们的确并购了在线服务商电子货币顾问［eMoney Advisor］）。就内部而言，康美还在以惊人的速度发展，扩张到佛罗里达、纽约之后，很有可能是全国剩下的所有地区。

如此的雄心，正来自康美创始人弗农·希尔，同时，康美还承继了希尔对于未来收益与前景卓越伟大的洞见。

接下来的几年时间中，研究一下由维恩（Vern）提出的，以顾客为中心、采取“使银行业变得有趣”的消遣型策略，是否能够有效实行、并将其转变

① 比较同一家店铺去年的营业额。——作者注

为康美基因里的一个分子，这样的行为或许最为有趣。如果康美依旧是独立的——我们并无丝毫其他意思，那么它是否依旧是一个卓越的创新者，或者它将成为守旧的一员？它是否依然会恪守自己成为“美国人最喜欢的银行”的准则，或者变得和其他竞争者一样面目可憎？是否康美的存储服务依然处于消遣型购物象限，还是会不自觉地滑向被迫型或冲动型购物象限？

被迫型购物的营销策略

如果将上述被迫型购物象限中的个案，写进秒表营销的矩阵当中，我们可以得到如图 5—1 所示的购物矩阵：

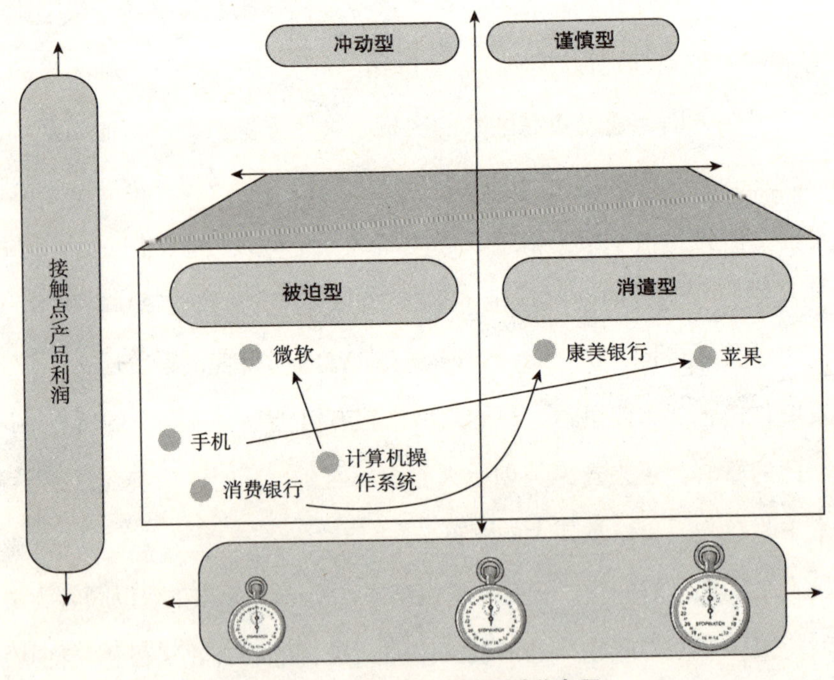

图 5—1　被迫型 / 消遣型购物象限

手机服务业、消费银行业、计算机软件制造业等，它们的营销策略都旨在从消费者那里获得巨额赢利。这些消费者总是在推迟做出一个他们知道应该做的决定，因为他们认为自己的付出与回报不成正比。还有至关重要的一点在于，这些行业都与消费者之间存在一种互动关系：一方面，这对于维持现状有好处（以发票、结算单、网上交流等形式与消费者保持常规沟通）；但另一方面，又对那些想要打破现有局面的新竞争对手们不利。

提取成功的软件制造商、手机服务商以及银行业的经验，并将这些经验用于被迫型消费者身上，我们就会发现这一象限之中，营销成功与否的关键在于：

- 确认来自于被迫型购物矩阵的利润，占年利润的百分比（详见第 7 章）；
- 确认被迫型购物秒表第一次“滴答”走时，这一转往往取决于外部事件，新迁入家庭与当地银行之间的关系便是一个明证；
- 确认决定性的一转，这往往是交易发生的那一刻，即潜在消费者不情愿地迈进银行的第一步，或者是他拨打 800 询问价格信息的那一刻；
- 在这一决定性时刻，提供给消费者一切竞争对手可以提供的，而且至少要比你的对手多提供一种；
- 当一名当前消费者处于变为前消费者危险境地时，要设法通过秒表上关键的一转，挽回此消费者。

被迫型购物象限中的成功营销者，能够即刻消除消费者的被迫感（让他们靠近售卖的初始阶段），并且立即做出所有可以想象的事情，以增加顾客的满意程度。从实用的角度看，这意味着建立一个系统，以确保顾客定期地、至少是每月与接触点接触——以此强化你的企业的独特优势。

正如我们所看到的，**如果企业能够通过购物接触点的设置，帮助消费者消除被迫购物的焦虑感，使他们不再认为，现在改变的一切原本已经“足够好”，那么被迫型消费者就可能成为企业赢利的来源。**

在下一章中，我们将看到另一套非常与众不同的营销策略，这些策略针对的是那些目标不在于“足够好”而在于“完美”的消费者。

第6章 STOPWATCH MARKETING

谨慎型购物：给他想要的完美一切

- 谨慎型消费者希望自己可以参与进产品售卖的过程。事实上，他们希望被销售的正是他们自己。
- 抓住购物者那些额外的购物时间，对于营销的成功至关重要。
- 想要跑赢谨慎型象限，营销者必须增加接触点，提高谨慎型消费者的购买欲望。

一场典型的美国式婚礼意味着奢侈，将近3万美元的鲜花、食物、印有姓名首字母缩写的餐巾、摄影师、音乐师、色彩搭配的伴娘礼服，等等，还没有算上新娘的婚纱、车马、面纱和鞋子以及为嘉宾所准备的一切。虽然我们没有亲眼看到，但是我们可以很轻松地设想出，要花费多长的时间来准备这一切：几个月甚至几年，比较购买各种必需品，把一位年轻女士变为一位美丽的新娘，用最近一部书作中的话，这叫“为了一天的狂欢”。

更重要的是，当一名谨慎型消费者在选择一辆轿车的时候，考虑的不是好与更好之间的差别，而是完美与糟糕之间的差别，这就解释了他们为什么会花去大量的时间，核查小城里每一家汽车公司的服务。对于提供此类消费服务的商家来说，这也就有了意义，简而言之就是谨慎。

谨慎型购物

大量接触点 + 高利润率 / 慢速秒表 = 谨慎型购物

位于谨慎性购物象限中的产品或服务，往往都会在未来很长一段时间里伴随着消费者，并对其产生影响。因此，当消费者发现自己身处谨慎型象限时，他们只会变得更加谨慎。是的，谨慎型购物秒表转速缓慢。位于这个象限中的消费者并不排斥购物，而是会更加理智地做决定。跑赢谨慎型购物象限，营销者需要知道，企业存在价值的前提就是消除购物焦虑；他们要有极大的耐心与坚持的决心，伺机增加接触点，提高谨慎型消费者的购买欲望。

谨慎型购物经历，并不意味着痛苦的经历，但却意味着长期的时间消耗，数日、数月乃至数年。因为谨慎型购物象限的这一特征，包括用在主动与被动消费行为上的时间，所以在此象限中成功的企业，往往会以一种不同于被迫型、冲动型以及消遣型目标消费者群的眼光与方式，看待其自身购物象限内的消费者秒表。玛斯特锁以分甚至秒计算消费者的购物秒表，威讯以天计算，而谨慎型象限中的营销者，则以年计算消费者购物秒表的转速。或许，这里合适的的名词术语应当是，日历营销（calendar marketing），而不是秒表营销。

当大批消费者遵循相同的频率购物时，那些日历就起到了相对至关重要的作用。但是相同的节奏（比如，每个人几乎都在相同的时间购买感恩节火鸡），并不能使购物过程变得谨慎起来，因为，在这一象限当中，一个错误的决定可能导致恐怖的后果，购物经历通常也毫无消遣性可言。

时间就是商机

谨慎型购物象限这一个独特的模型，不仅涵盖了一手市场的产品和服务，而且还包括更为重要、甚至是更为有利可获的二手市场：

企业存在价值的前提就是消除购物焦虑。

对于厨房整修预案的惶恐，不仅源自其昂贵的装修费用，而且更在于对装修本身的惶恐（我是否留足了开冰箱门的足够空间？）。这也就是为什么，大部分人会选择雇用专业的厨房设计公司，而不是自己购买细木家具、厨房设备和地板等。本章下面的部分，我们将看到处于此象限中的从业者们，如何逐步满足谨慎型消费者的购物需求，从一个完美的睡眠到一个完美的大学，它们可谓事无巨细。

实际上，任何行业，如果其购物者期待的结果，甚至只是假设的结果，是“完美”的话，那么“完美”程度就很可能决定于谨慎型消费群体，并且以大体相同的方式使用相同的接触点。在我们以下的示例中，从雷克萨斯“不断追求完美”到一纸大学文凭，这些例子中的营销者给我们展示了他们极大的耐心与坚持的决心，他们可以数月甚至数年，为了一个潜在的商业目标而专注于同一个营销接触点，然后，用这一接触点减少或消除消费者做出购物决定时的焦虑，因为，他们所选择的商品是要伴随他们许多年的。

或者，有些时候，日夜相伴。

| 睡眠产品，抓住额外的时间 |

它们没有可移动的部分，但是，它们的价格却不低于 1 500 美元，有时可能会攀升至 1 万美元甚至更高。它们的拥有者每周 7 天、每天至少数小时都要使用它们。同时，用美国购物圣经《消费者报告》上面的话来说就是，这件东西激起一个人的购物欲望，比让他买一辆车更难。

上述我们所讲到的，是一张高级床垫（大家不要以为是等离子电视）。

购买一张可以让自己的头安适于上的床垫的想法，使床垫购买者不得不比较清楚 Sleep 售卖的丝涟美姿超豪华床垫与 U.S. Matress 售卖的高级箱式床哪一种更加舒适。他们必须这样做，收集有关线圈编号、直径和缎面的经纬密度等信息；然后，当然还要听取朋友们或者陌生人给予的购物建议，花上 15 分钟左右的时间，到店内的床垫上躺一躺亲身感受一下。

时间就是商机

也许对于这一价值 50 亿美元的产业来讲，除了对消费者购物时间的难以想象的要求，最值得关注的事情在于，大部分购物者更加追求的是高质量的购物体验和极大的满足感。

原因当然就在于，所有售价 1 500 美元以上的床垫，其价格基本都应当与质量成正比，甚至与其品牌、枕面、人造皮和卷带等都应相关。它们的制造商几乎都非常相似：绝大多数交易，最终都以买到丝涟（Sealy）、席梦思、斯特恩斯 • 福斯特（Sterns & Foster）、金可儿（King Koil）制造的内弹簧、桶装弹簧、床框而结束，此外，属于密苏里州迦太基城礼恩派（Leggett & Platt）公司分支的舒达公司（Serta），也是此类产品的名牌厂家。通常情况下，床垫属于耐用品，这些家居用品至少可以用上 5 年的时间。寻找一张好的床垫，可能需要花费更多一点的时间。制造这些床垫的厂家却非常清楚消费者的购买要求，即使是在消费者自己都还不清楚自己需求的时候。用《家具新闻》（*Home Furnishing News*）的编辑沃伦 • 舒尔博格（Warren

Shoulberg）的话来说：

> “你每隔 10 年或者 20 年才会买一张床垫，所以，对于此类购物，你是既没有准备、也没有任何经验的。你眼里看到的，是一排排几乎长得一模一样的白色盒子状物品。一张售价 500 美元与一张售价 5 000 美元的床垫，其实在你眼里没有什么根本区别。”

所以，消费者是不会花时间选购床垫的；他们为耐用品消费贡献了极其可观的利润——准确地说这一毛利可以高达 45%。在家具店里，寝具每年平均要上 6 次新货，占据 8% 的店铺空间，利润却只有全部商品的 11%；与之形成鲜明对比的是，沙发和寝具拥有相同的毛利，每年却只需上 4 次新货，占据 27% 的店铺空间，就能带来总赢利额的 23%。至于高档床垫的销售，由于其消费者愿意花时间挑选，而商家（既包括制造商、也包括零售商）又认为有利可图，所以，它无疑是属于谨慎型购物象限的。

> 这一行业同样为个别商业巨头独占。该领域中排名前 10 的商家，其利润额达到整个行业的 75%，而其中位居前四的商家霸占了全行业总利润的 58%——丝涟、席梦思、舒达和春季空气（Spring Air）；其品牌均以字母表的第 19 个字母 S 打头。现有的生产商零售渠道相对分散——排名前 25 位的零售商，仅仅拥有全行业 40% 的零售额。一个新的床上用品制造商，如果想要成功进军谨慎型购物象限，那么，它就必须面对这样的挑战。

让我们来看一下泰普尔（Tempur-Pedic）的情况。

该公司始建于 1991 年，创始人鲍勃 • 特拉塞尔（Bob Trussell）曾经是肯塔基州莱克星顿市的马匹饲养员，泰普尔将美国国家航空和航天管理局（NASA）为减轻宇航员加速度力量感觉的热敏泡沫应用于消费品制造业，这一创举使公司2004年度的销售总额高达7亿美元。相比前一年，销售额增加46%，净利润增加22%。

为了一个更好的捕鼠夹子特意制订和执行营销计划，这看起来似乎是一项微不足道的挑战，这一诱惑正在于激起零售商们推广销售的热情。通常情况下，第一印象往往是错误的。想让一个被诱惑的消费者花费上千美元买到一张更好的床垫，一张可以跟随他们十年或者更长时间的床垫，并且开心于自己最终买到的这张床垫……投放这样一个诱饵，不仅需要花费更多的金钱，而且这样的床垫和传统的、为人们所熟知和信任的弹簧床垫又是如此的不同，所以，这样一个购买行为无疑是十分大胆的。

除去与众不同的广告宣传，泰普尔的“记忆床垫”能够在接触到人体体温时自动改变弹性，使自身的弹力适合睡眠者的身姿。由于“瑞士睡眠材料”对于热的敏感度很强（实际上在丹麦和弗吉尼亚生产），所以不必和电热毯结合使用。这种床垫对于周围环境的温度高度敏感，因此使用者被建议将卧室温度保持在稳定的华氏65°。但是，使用这一床垫的人会发现，他们很难以一个直立的姿态翻身、读书，或者做一些在其他床垫上可以做的事情。同时，这种床垫的气味也非常难闻。

考虑到以上不利因素，生产厂家就有必要去吸引那些花上一两天时间搜集产品相关信息、同时每年都买床垫的美国家庭，这一部分家庭的总量大约有1 000万户。对于这一行业来说，抓住顾客的购物时间更为重要，这种重要性就跟消费者购买汽车是一样的。**抓住购物者那些额外的购物时间，对于营销的成功至关重要。**

泰普尔用来实现这一目标的许多伎俩，仍然停留在传统的老式时间营销手段上：说服那些零售经销商，免费给他们提供上千张床试销；提供物质上丰厚的利润分成，不仅配送介绍“无限睡眠”以及“瑞士睡眠材料”的DVD机与录像带，而且配送泰普尔记忆床垫的样品。公司不仅与传统的消费者打交道，无所顾忌地运用美国国家航空航天管理局的技术（这一技术得到航天局暗中的认可与支持，但消费者对此价值的认同度，却呈明显的急速下滑趋势），同时，积极地与医院和相关医疗机构的教授们打交道，强调公众普遍认为的“一张好床垫有助于或缓和背痛”的观念是正确的。

然而，泰普尔最不同寻常却最为有效的营销方式，还在于其扩大时间本身的概念上。公司将全部产品线转变为长期的产品测试过程，包括售卖“粘弹性”的枕头、弹簧顶盖、拖鞋甚至睡眠面膜，其中每一样产品的价格，都仅仅代表整个系统中一个小部分的价格，而整个系统涵盖有床垫、梳妆台和镜框，总售价在6 000美元左右。因此，它们在消费者尚不知道自己会变为其消费者的时候，就在他们的购物秒表中放置了最为有效的接触点。当一位消费者尚未有购物冲动的时候，泰普尔已经划分出了很大一部分的潜在消费者。

2001—2004年三年，泰普尔枕头的单位销量从140万激增到290万，而同一时期内，其枕头的市场赢利却从2001年的34%下降到2004年的21%。这里存在的问题一目了然：泰普尔赢了这场商战，它把处于谨慎型购物象限中的消费者，由枕头购买者转变成为床垫购买者。一个典型的消费者，如果他已经拥有了至少一个100美元的泰普尔枕头，那么，他就极有可能会花上3 000美元购买一个泰普尔的欧式床。对于那些对这一长期计划感兴趣的人来说，他们会将这一计划带入到现行的、泰普尔在其他60个国家的商业运营模式之中。这里给予我们的启发是积极的：2004年，公司海外部的产品利润相当于公司2001年整年在美国国内的利润，而这其中有1/3来自于低利润枕头所带来的效应。

泰普尔从根本上改变了顾客购物秒表的转速，每当有人购买一个旅行枕头的时候，泰普尔就已经预卖了配套的床垫。那么，为什么会这样呢？预售成本占顾客价值的比例微不足道，尤其当这个消费者在未来会成为价值6 000美元的泰普尔一线奢华床的拥有者时更是如此。[①]

而当价格接近5万美元的时候，这一比例还会进一步缩小。

雷克萨斯，埋下众多接触点

几年前，我们的一个客户正在为底特律三大汽车制造商[②]中的一家服务。我们想要尽力地说服他们，但是通过多年持续不断地消费调查，我们还是无法说服那个营销小组的成员们相信，一天之内走进汽车零售商店的消费者平均人数多，并不意味着这一天就是它们的销售旺季。当地的经销商们对此深信不疑，他们总是认为当消费者得到机会进入经销商的商店并且开始讨价还价的时候，他们的商机也就随之而来了。

读者们或许可以由上述总结，得出自己的结论。其中的一个明显结论就是，这些汽车制造商看起来都是痴心妄想；而另一结论或许是，我们的主顾不是雷克萨斯。

进入一间雷克萨斯的展房，就好比进入了一间奢侈旅店、而非一间汽车销售商店；但是，这还不是令人惊奇的全部，因为，雷克萨斯正是按照奢华型连锁酒店丽嘉（Ritz Carlton）的模式训练其雇员的。为了更好地吸引消费

① 这一令人震惊的数字，打开了所谓的顶级奢华床垫商业领域（superpremium-mattress business），其中，Duxiana、Hollandia以及海丝腾（Hastens）的售价都高达2万美元。随着在生育高峰期出生人群的逐渐成长与富足，他们看起来越来越愿意以惊人的高价、购买那些能够保证良好睡眠的床。——作者注

② 多年前，底特律曾经是世界三大汽车制造商的故乡。——作者注

者，雷克萨斯一家分公司的总经理鲍勃·卡特（Bob Carter）研究了著名的四季酒店、蒂凡尼以及诺斯特罗姆（Nordstrom），他认为，"当你推销一辆雷克萨斯的时候，那种真正的拥有者的感觉，唯有在奢侈型的经销商那里才可以充分地体验到。"当你真正关注于目前拥有的以及潜在的雷克萨斯用户的时候，你就会认为怎样做都不为过。当然，要提供一些免费的服务，不仅仅是咖啡，还要有进口的茶和酥皮糕点。展窗看上去让人有置身于干净海滩的感觉。分期付款购车、免费汽车清理、商务中心与完整的配套设施以及 Wi-Fi 网络、礼品店、孩子们的游戏室、室内营造的绿色环境，等等。

如此的展厅布局足够打动人心，结束消费者的购物旅行，将雷克萨斯打造成为全美获利最丰的汽车品牌之一。而其总公司丰田，如今雄踞全球汽车制造商榜首，年利润丰厚，但是，这却丝毫未影响到雷克萨斯的销量及利润率。由于美国市场占据丰田年收益的 40%，所以，超过 80% 的雷克萨斯都销售于美国境内（2005 年的时候是 30 万辆）。根据我们的保守估计，这个品牌每年在北美的收益可达 10 亿美元。

自 1989 年起，雷克萨斯一直都是一个成功的商业案例。当时，雷克萨斯 LS400 面世。在此六年前，丰田当时的总裁丰田英二（Eiji Toyoda）制订过一份打造奢华轿车的计划，欲借此与梅赛德斯 – 奔驰、宝马以及沃尔沃（三年前，本田也打造了名为讴歌的奢华车型）相抗衡。丰田的秘密产品，最初命名为 F–1①，从设计阶段开始，这就是一款与众不同的奢华轿车——不用计算成本，它就是一款能够在谨慎型购物象限内大获利润的车型。

谨慎型消费者所遇到的问题在于，他们不仅在找寻完美的旅店、奢华轿

① 经过了一番努力之后，这款车得以定名 F–1 而非丰田。据报道，在 F–1 这一车名敲定之前，盛世长城（Saatchi & Saatchi）曾经检验了不下 200 个名称，包括 Vectre、Chaperel 以及 Alexis，而直到 2005 年，此款车在日本市场依然沿用丰田的名字。——作者注

车、立体声设备时倍感痛苦，在其他方面也一样如此。然而，考虑到时间和金钱与谨慎型购物密切相关，这一点也就显得不足为奇了。**当消费者发现自己身处谨慎型象限时，他们只会变得更加谨慎。**

时间就是商机

如果一个制造商或零售商试图在谨慎型购物象限中竞争——鉴于其中的利润关系，这一象限总是百无一害——他们就必须预见到全部购物阶段可能出现的所有问题，或者，可能不断遇到的心存不满的消费者。

一种典型的谨慎型购物陷阱在于，你始终在等待一个满足你要求的奢华轿车制造商的出现：产品的性能越好，消费者的需求量就越大。一辆车，2000年时，可以6.9秒完成从0到100公里的加速；到了2002年，其加速度会达到更高。雷克萨斯将其奢侈品消费群分成了三类：

- 知性的奢侈品消费群——从人口统计学的角度观察，20世纪40年代初，富裕且拥有良好教育背景的购车人占到其整个市场的大约36%；
- 地位显赫的奢侈品消费群——购车人平均年龄38岁，这一消费群体占据市场的36%；
- 低调的奢侈品消费群——购车人平均年龄50岁，占市场份额的26%且在不断下滑。

无论好坏与否，三部分中最引人注目的那些愿意购买奢侈品牌的消费者，组成了信息的全部。借此，雷克萨斯打败竞争对手而争取到一部分消费者，这部分人所需要的是最新型、最俏丽、最高端的设计以及科技手段。**这**

种不仅始终超越竞争者，并且始终超越自己的追求，使这个细分市场的制造商彻夜难眠。

雷克萨斯有效地运用了其营销接触点——不断增强品牌的质量优势。[①] **记住一点，在这个象限中，你可以在产品面世前一年，先期为产品的销售埋下众多接触点。**雷克萨斯用于谨慎型消费者身上的接触点，不是如何利用他们的紧张情绪，而是如何平息他们的担忧。

为了理解这一点，我们首先应当了解雷克萨斯在分配营销资源方面与其竞争对手的区别。它的竞争对手组成了广告行业的最大客户之一，每年用在美国本土的广告费用就高达 60 亿美元。传统的汽车营销者往往将其资金的 2/3 左右用于延续消费者购物秒表的转动，如赞助商、经销商合作的广告，而仅仅会花上 1 美元用于前期的品牌建设。但是，雷克萨斯却将自己市场营销费用的半数都用于品牌的建设；仅此一项，就多出其他汽车制造商投入的一半。

雷克萨斯的大部分支出投入到了网上的在线交流，并且这部分支出还在不断上涨。情况看上去是这样的：现在几乎 2/3 的新车购买者，都会在购买之前，首先通过网络进行产品信息搜索。

> 这意味着，在购物决定做出前的大概 30 天，会有 3 800 万不同的网页浏览者，通过点击 4 000 万个不同的网络服务器，在 15 万亿张网页上花时间浏览信息。通过网络特殊的、反应购物时间的能力[②]，研究者能够发现，网络变化与支票变化间存在紧密有序的联系。例如，如果别克朗迪（Buick Rendezvous）的网页浏览者，3 月到 4 月减少 24 个百分点，

---

① 当他们关注质量优势时，他们更多倾向的是一种对自身焦虑的消除。雷克萨斯位于日本田原市（Tahara）的生产线，之所以出现在公司的营销资料上，不是因为它们生产了全球最快的车，而是因为它们是全球生产缺点最少的流水线。——作者注

② 有关此种能力的更多信息，以及如何使之有效运作，参见本书第 8 章。——作者注

那么，4月到5月其销售量可能随之下降33个百分点；同时，如果同一时期大切诺基吉普（Jeep Grand Cherokee）的网页浏览量增加16.5个百分点，其销售量则可能相应增加19.2个百分点（对于热衷于数字的读者，这意味着，网站浏览与销售量的相关性 R^2 为93.4%）。

雷克萨斯是汽车制造业中采用网络互动营销策略的先锋，它会发表播客、创造汽车制造业领域的自主特色以及建立“设计你自己的雷克萨斯”网站。对于新款IS车型的投产，公司举行了大规模的网上活动，邀请浏览者上传个人照片，并制作“相片马赛克”（photomosaic），最后把它们投放在时代广场60英尺的路透社广告版上，公司称其为全球最大的数码展览。

但是，对于雷克萨斯而言，网络营销仅仅是其在具有多个接触点的多维营销计划中一个部分，而在将消费者最终带入汽车销售店的长达数月的道路上，每一步中都存在有多个营销接触点，而每一个接触点又都代表着一个与顾客之间不断增强的互动接触。雷克萨斯区域互动与关系营销总监罗伯特·皮兹（Robert Pisz）认为，“一个深入复杂的多重接触点营销方法”目标在于那些年轻的、潜在的消费者，正是这一点使得IS的战略独特而成功。在IS的战略目标制订过程中，雷克萨斯扩大了其营销接触点的互动性，减少了纽约城和洛杉矶零售店里的设备，邀请路人在实物大小（非实体）的模型车上变换自己喜欢的颜色等，构建自己的“全息”（holographic）雷克萨斯模型。

时间就是商机

或许，在谨慎型象限中，营销人员需要不断面临的一个问题就是，谨慎型消费者希望自己可以参与进产品售卖的过程。事实上，他们希望被销售的正是他们自己。

在一项由雷克萨斯英国分部营销总监西蒙·阿巴斯诺特（Simon Arbuthnot）组织的调查中，我们发现，雷克萨斯多重接触点营销策略的累积效应，如电视广告、印刷品、直邮、网站，当然还有展厅，都旨在营造一种高度闲适的感觉。通过比较消费者在具体接触点上的满意度，以及那些处于不同活动状态下的措施（例如“偏于购买还是偏于推荐”），阿巴斯诺特的小组发现，互动型的接触点（网页、展厅）对消费者的影响远远大于那些非互动型的接触点（直接反馈、电视与报纸广告）。

这并没有什么值得惊讶的。但是如果把此结果与决定购买的时间相比，并且与同时期的其他研究相比，则会发现，**不同类别的营销接触点，是依靠消费的不同时间距离而决定的。**

> 电视和杂志宣传的影响力最大，在实际消费行为的一年前，就可以对消费行为产生影响；直接的电子邮件宣传，往往在消费行为发生前的2~3个月，才会对消费行为构成影响；而网站和展厅则在消费行为进行的当天或数周之内，最为有效。

越临近购买行为的发生时刻，越需要高度参与；反之，则只需低度参与。但是，研究清楚地表明，任何营销接触点上的一个小小失误（不合适的杂志广告、网页上的小纰漏）都会对购物过程的整体产生相当大的影响。

时间就是商机

谨慎型消费者想要主动购买（而不是被动售卖），但是他们却不会着急。他们需要商家的慢慢渗入，需要商家通过提供一系列的营销接触点，逐步提升他们的购买欲望。

商家专注于预先销售，他们需要确定，潜在消费者在步入宏大的展厅之前就已经对其产品心仪已久，而这些，其实都不是经销商应当关注的重点；他们需要关注的恰恰相反。雷克萨斯投资于产品的预先销售过程，以此支持其经销商；而它的经销商，则构成了汽车制造产业中令人惊羡的销售网络。

从一开始，雷克萨斯就致力于发展与经销商之间的稳固关系。汽车制造商与汽车零售商之间的关系，传统上总是十分紧张的。尽管当通用汽车以 6 家独立的制造商构成全球最大的汽车制造厂商时，汽车制造业已经开始关注这一问题，但当时的零售商多是独立零散地各自为政——美国排名前 25 位的汽车经销商，仅仅掌控着不到 8% 的市场份额。这样的一种关系，迫使汽车生产商往往强制经销商引进最新款车型，而全然不顾及他们是否能够卖得出去以及是否能提高收益额，这也就导致了制造商与经销商之间长期以来的敌对状态。经过一个时期的发展，同时也是为了提高其自由经销的地位，经销商逐渐开始反抗这种唯制造商是从的关系。所以，在今天一个汽车经销商旗下，平均仅销售 2.4 款车型。

同样也是由于这一不平等关系，制造商往往比零售商获利更丰。经销商只是从销售汽车中获取利润，而汽车行业的主要利润源，则来自于汽车零部件和汽车服务业的利润。

雷克萨斯通过为其潜在经销商提供一条获利更丰的道路，扭转了与经销商之间的紧张关系。这条路更强调自身的品牌效应而非强制销售，与此同时，他们不仅为经销商提供了更多毛利，也为其在整个行业内提高了利润收益。雷克萨斯旗下有若干专门培训经销商的项目，比如“莲花基准服务（Lotus Benchmark Service）”和“精英经销商（Elite Dealers）”等。这些项目极具特色，包括组织雷克萨斯总部的人员参观纽约的经销店，以及前往日本进行为期数月的学习访问。

这就促使经销商们有了合作的愿望。事实上，雷克萨斯也是极为挑剔的，从最近几年所公布的数据来看，在1 500名申请候选人当中，只有72名通过了最终考核。选中的72家经销商，非常符合雷克萨斯的要求，**它们的目标正在于消除每一个可能引起消费行为延期或取消的接触点。**但是对雷克萨斯的批评也一直不绝于耳，认为这样的模式非常无聊，至少与宝马、美洲豹、奥迪以及其他一些品牌相比，后者拥有更好的业绩考量系统。《每周汽车与驾驶市场》（*Car and Driver to Marketing Week*）上，曾经有文章对此进行讨论，但讨论却并未抓住重点。宝马向客户承诺保证的汽车性能，正是雷克萨斯承诺顾客不必担心的性能：**买一辆雷克萨斯不是为了提高你的驾车技能，而是为了享受高级别的售后服务与品质。**

时间就是商机

品牌的成功比任何调查都能够更好的显示出一点，那就是，消除谨慎型消费者内心的担忧，比请求他们尝试一些新的东西，更能够赢得其青睐。谨慎型购物象限内最为关键的部分在于，公司在做好工作获得利润的同时，又能够真正使那些有钱又有闲的购物者们，参与到购物的环节之中。

大学招生，找到真正的捕捉点

消费者可能需要花费数周时间，决定是否购买一张记忆床垫；花费一个月甚至两个月的时间，决定是否购买一款雷克萨斯GS350：水银车身，红色胡桃木镶边，DVD 导航系统。一个新娘可能要花上一年时间，计划她一生唯一一次婚礼上的每一处小细节。

这是多么冲动的行为啊！

年复一年，美国最长期的购物循环开始了，成百上千万的美国中产阶级家庭开始意识到，他们 16 岁高中毕业的孩子，需要开始人生中最重要、同时也是最昂贵的购物之旅了：挑选一所大学。这一谨慎的选择过程，通常需要花费若干年的时间。相比较而言，根据《新娘》（*Bride's*）杂志的数据筹备一场婚礼的时间，通常仅需要 6~8 个月。

没有什么事情能比大学教育的长期价值更加清晰明了。

> 美国人口调查局的最新数据显示，2005 年，美国一个大学本科学历的价值为 200 万美元，超过一个人一生的总收入。[①] 学历的价值由此一目了然。一所普通公立大学平均一年的学费加住宿费，大约为 9 000 美元，而一所私立学校的相关费用则高达 19 000 美元。即便如此，比较目前支出与将来的收益，对于大学的投资，仍然是一件毫无争议的事情。尽管这一投资的出资方是整个家庭，而将来的收益则完全归学生本人所有。

除了考察大学学历的价值，还要考察是什么专业的学位；尽管权威机构普遍认同名校学历的价值，但研究者却发现，很难有学校招生以外的其他方式，更能够显示出高的 SAT 分数或 GPA 分数的作用。当然，也有许多其他的因素决定着一个毕业生未来的收入状况，即使他是常青藤学校的毕业生也不例外。毕业于耶鲁，并不意味着布什就一定能当上美国总统；而辍学于哈

① 保守估计，一个文学学士或理学学士一生能赚 390.7 万美元，而一个高中毕业生只能赚 200.5 万美元。——作者注

佛，也不决定着比尔·盖茨就一定能成为全球首富。拥有更高的学历，比毕业于两所同级别院校，对于未来收入的潜在影响力更大。目前的数据显示，真正起作用的是大学学历，而不是你上的大学有多好。

当然，构成现代美国人消费观念的因素有许多，但是，潜在价值观的影响远远大于其真正的价值之所在。因为所有的研究都表明，从名牌学校毕业这一无足轻重的头衔，只是表明学生本人——或许是其家人——对学位的高度重视。同样，学院或者大学的学历也不会恰巧帮助那些过分看重它们的学生提高自身价值；此外，高等学院之间存在着非财力竞争——不仅录取高中毕业生中最聪慧的学生，而且还要录取最好的运动员以及有天赋的音乐家——在这种对于有潜力的学生的录取竞争中，显然财力会占据相当的重量，因为这些学生往往都极有可能希望通过支付赞助费来获取学位。这绝不是一个小数目，并且还在逐年增长。

> 2004年，耶鲁一年的费用——包括学费、住宿费（还不包括书费、旅行费以及学杂费）为38 432美元。而普通学校一年的平均费用只有15 759美元，并且还提供奖学金、助学贷款以及各种工作－学习项目等。美国的一所精英大学，四年内，花费在选择这所大学以及大学选择了这个学生之间的钱，即花费在被迫型与谨慎型购物象限中的钱，可能相差近十万美元；而公立大学（和那些不具备耶鲁捐赠规模的私立大学）在此项上的花费，虽然比较而言少得多，但仍然是一笔巨资。没有什么购物决定比这个更能够证明艾智仁－艾伦定理的力量。

位于美国中东部的大学，或许不像斯坦福、哈佛和耶鲁一样在全国范围内推销自己，它们只在自己的空间范围内做宣传，比如安纳波利斯大学（Annapolis）或者加州理工学院，但是它们仍然会比较最好的当地申请者以及最有可能自己承担学费的学生。如果要根据潜在的价值形成一个较好的谨慎的择校选择，你就会发现，作为一名大学的招生人员，你必须小心关注消费者的购物秒表。如果你留心了这一点，就一定不会感到失望。

事实上，选择大学的经历，非常接近于实验室中观察到的购物秒表的运转活动，因为，处于这一象限中的购物者，他们不仅为日历所驱使，同时也处于同样的日历当中。2005 年，在美国即将毕业的 400 万高中生中，至少有 1/3 的学生对大学表现出谨慎的兴趣，他们会选择参加一年两度的大学入学考试中的一场，这其中又有约一半的学生参加过之前的测试，因为这一测试中的成绩，将成为其申请奖学金的有力材料。

考大学的决定以及制订一个可实现目标的行为，开始的则要更早一些：九年级或者十年级的时候，大约 15% 的学生和 27% 的家长会开始咨询大学的费用；而当这些学生进入十一年级的时候，半数以上已经咨询过学费（52% 的学生及 54% 的父母）。然而，SAT/ACT 的考试月份，才是谨慎型购物秒表转动最频繁的时间段。滚动列表上写着的每一次测试的分数，都会在未来 3~4 周内寄达。想要在这样短的时间内做出一个最佳的定夺，的确显得有些棘手：参加测试，查看分数，后者是在谨慎型购物过程中做选择的中心环节。一个学生或者她背后的家庭或许早已心仪于一所学校，但是她实现这一愿望的能力则要体现在其考试与测试的能力之上。同时起作用的还有金钱，如果奖学金不是必须考虑的因素，那么成功申请自己心仪学校的概率也就会增大一点点。

购物秒表在高中 2~3 年级的暑假里继续转动：在这一时期段，消费者一般会参观多所学校。到了高年级，秒表会转动得更加频繁，同时也转动地更为响亮，因为申请的截止日期通常在每年的 11 月份。尽管被称为“早期决定”[①]的程序，并不再像从前一样流行于美国的顶级大学，但是它也不会即刻消失，或许正是因为它在谨慎型购物象限中被标注得如此清晰明了。这一程序，给了那些愿意在一个较早时期开始购物程序的消费者以最高的权利。因为这时候的申请决定往往早于申请人全面获悉一所学校的真实花费情况，所以这一阶段往往更加吸引那些即使并不乐意、但也有能力支付全额费用的学生们。而对其他人而言，常规的申请日期通常在1月至2月中旬，这一阶段被称为经济资助申请（financial aid application）。进入4月，开始接收录取通知，5月，申请人要么被接受，要么彻底遭拒绝；这时，会出现另一个发生在每年春季的大学参观热潮。

上述时间表，对于或者亲身经历过或者更有可能目睹自己孩子们经历过的读者来说，一定相当熟悉。但是，对于另一些人，他们或许更为熟悉，那就是决定这些学生是否有资格就读于美国2 500所四年制学院以及1 000所两年制学院的录取老师们。

艺术院校的录取通知书，无论它来自不知名的州立学院还是哈佛这样的名校，对于那些拥有最高SAT成绩或者期望早些毕业或者（有点嘲讽的）希望有机会以最低价支付学费的学生们，都拥有巨大的吸引力。每一所学院都拥有自己的目标，比如，提升自身在全美院校总排名中的位置，填充学校的乐队人员；像美国国家荣誉学者这样的人物，不是一朝一夕可以诞生的。但是，无论它们的目标是什么，无论它们要招收怎样的学生，所有的学院都在尽力放置自己最有力的诱饵——它们最好的接触点——在这些接触点上，他们可以在销售环节中做到最好。研究表明，对于大多数申请者而言，这一

① 作为一个早期的回复，申请人同意接受一所学校的入学邀请，这种邀请往往提供一个不错的机会；也称为“早期行动”，但并不具有太多的约束力。——作者注

谨慎型购物的过程，发生在从中年级 SAT/ACT 考试开始到高年级接到录取通知书为止的两年中。① 也正是在这一过程之中，高等院校的各个学院，开始了它们对于营销资源的投放。

与本书其他章节所涉及的商业资源相比，这些资源其实是非常微不足道的，然而，它们却并非毫无意义。

> 以营利为目的高等学院，会花费总预算的 20% 进行市场营销；而不以营利为目的的学院,此项花费往往只占到总预算的 5% 左右。毫无疑问，招生情况一定与学费成正比：私立的四年制学院，每年的学费超过 3 万美元，其中用于每个学生身上的费用，就超过 2 000 美元；而普通的四年制公立学院，每年的学费平均在 1 万美元左右，用于每个学生的支出为 455 美元。

除了这一重要的现金投资（也可能正是由于这一点），学院逐渐放慢了对于特殊项目效力与支出和收益等的严格考量。只是到了 20 世纪 90 年代的时候，学院才开始研究营销策略和招生策略的个案。比如高中参观、目的性广告宣传、大学参观、绘制成本与收益图等。正如《英国高等教育纪事》（*Chronicle of Higher Education*）中所言：“指导顾问几乎对选择学校的决策制定不起任何作用。”

如果高中的指导部门并不是一个聪明的商品营销者，那么高校将如何安置它们的营销接触点呢？

1891 年始建于格林斯博罗（Greensboro）的一所女子学院，后来发

① 在高中毕业希望继续读大学的学生中，大约 11%~12% 的人会提前着手准备（在更少的一些男校毕业生中，有不到 1% 的人从出生起就开始为上大学做准备），或者提前申请。——作者注

展成为北卡罗来纳州立师范与工业学校（North Carolina State Normal and Industrial School），即现在的北卡罗来纳大学（University of North Carolina）。正如目前为人们所公认的，它是一所真正代表了整个美国根基的学院。美国的学院毕业生，更愿意选择进入像北卡罗来纳大学格林斯博罗分校这样的学校———一所中等规模的公立教育机构，在校学生 1.6 万人左右，其中本科生 1.2 万左右，而不愿进入有着青藤环绕的院墙以及 1A 分组足球比赛的学校。该学院的毕业生在外声誉良好，《普林斯顿评论》（*Princeton*）与《吉卜林个人理财》（*Kiplinger's*）这样的权威杂志，纷纷给予该校质量和价值方面的高分。因为该学院的良好教育，其金融与商业方面的本科毕业生以及教育和护士专业的硕士研究生都是一流的。此外，该学院校园美丽、图书馆氛围极佳，当地的气候也极为舒适。

然而，北卡罗来纳大学格林斯博罗分校也和其他学院一样，需要为了得到某一地区最优秀的学生而扩大招生。

> 吉姆·布朗（Jim Brown），该学院招生办公副主任，每年需要主持不下 20 场的校园招生，向上百所高中的访问者发送信函，同时每年发布 22 条公开的招生信息。北卡罗来纳大学格林斯博罗分校“市场营销部”的负责人，在其两年的任期内，需要制作上百个网页，分发将近 6 万张学院介绍光盘，同时，要有 40 多次与顶尖的学生候选人进行沟通交流。

信息贯穿于这一互动过程的各个环节——所有的营销接触点，在其大背景之下看上去都是极其合理的。他们建议学生们建立一张一览表，以便学校对其 SAT 平均成绩、种族信仰、未来工作期待等拥有全面了解。学生们会被告知本科的专业设置、住宿以及学费情况。但是，在数据分析部门，所有的活动都将聚焦于一个决策的制定过程。回想雷克萨斯对于展厅互动的惊人投资成效，北卡罗来纳大学格林斯博罗分校的招生策略核心，正在于校园参观。类似于购买床垫和奢华轿车，决定上哪所学校同样也是一个感情用事的过程，通常这一决定会在30分钟之内形成。因此，在参观过程中，向谨慎型消费者推销一所具体院校的最佳方法就是，提供酒店的打折信息、弹性的参观时间、甚至一些不易被察觉的行为，比如，向第一次来访的参观者提供特别的标有校园路线的地图等。随后，你便会惊奇地发现，校园参观对于大多数学院来说，往往都是最后的一个关卡——**大学校园导游，才是唯一最为重要的、使学院与谨慎型消费者之间发生关联的接触点**。富兰克林与马歇尔学院（Franklin and Marshall College）甚至按照“职业化程度与敬业程度”（professionalism and engagement），评定其导游的不同级别。

如此这般，进入某一具体学院的决定就变得异常清晰起来，在这一决定点上，购物秒表总是异常精确。这就好比选购一辆奢华轿车的时候，担心做出不完美购物决定的焦虑感，总是会在购物者心中笼罩长达一年之久。

谨慎型购物的营销策略

统观谨慎型购物象限中的所有消费行为，经过适当整合，一些特定的购物接触点就会将关键的购物者领向做决定的那一刻，而这时，起作用的往往就是感情这一指针了。这一关键性过程以及构建这一过程的过程本身，或许就是对谨慎型购物的最好注解。图6—1标注了谨慎型购物象限当中，成功运用这一策略的公司。

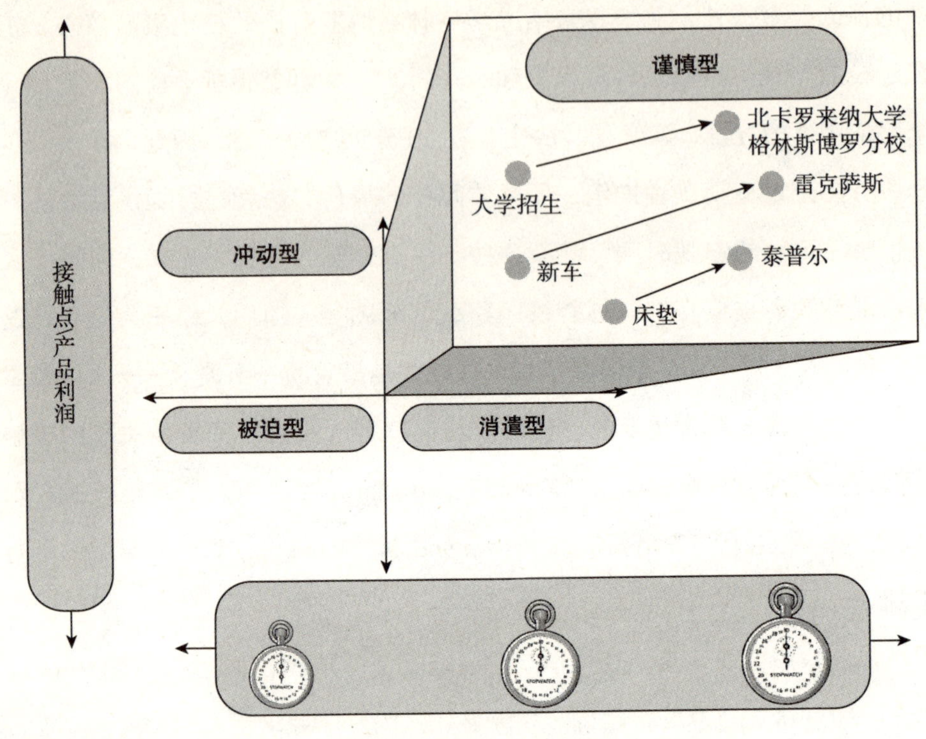

图 6—1　谨慎型购物象限

谨慎型购物象限验证了秒表营销策略的威力。该象限位于整个营销矩阵的东北方位——所有进入此象限的消费者都属于高利润群体；同时，这一象限中的消费者都愿意花费时间进行研究与选购。正如雷克萨斯、北卡罗来纳大学格林斯博罗分校以及泰普尔所证明给我们的那样，聪明的营销者，完全能够在谨慎型购物象限之中向东北方向不断移动。谨慎型消费者的购物秒表可以走得很慢，而售卖过程，也可能在一个高额利润的边缘上戛然而止。

从更为宽泛的意义上来讲，谨慎型购物象限是一个可以对整个营销矩阵建构做出总结的地方。所有的一切在这里都是平等的，营销者应当总是想方设法地使其产品或者服务向东移动，因为购物秒表转速缓慢，所以有更多的时间达成交易；在那里，利润常常极为丰厚。

营销者所面临的最为关键的挑战正在于，一方面，他们要尽量减慢目标消费群体的购物秒表转速，以允许其有更多时间进行售卖过程；另一方面，他们还要在购物秒表指针停止的那一刻，刚刚好结束售卖过程。全食超市、嘉信理财以及雷克萨斯，都是实践“放慢速度、享受时间，让我们来向你销售”的典型成功案例；而微软以及玛斯特锁，则或许是践行“别找了，我们有你所要的一切，不要再犹豫了”战略的经典成功案例。

但是，我们仍然怀疑，大部分营销者总是低估了自己目标销售群体的秒表实际转速。综合所有致力于市场营销、广告、卖点广告（POP）素材设计以及创造完美媒体计划的营销知识，一个营销者应当相信，消费者的的确确花费了大量的时间来内化所有的一切。一个决策过程的实际挑战，正来自于那些给定公司与品牌在营销矩阵中的存在形式。所以，如何制定营销策略，以处理这些不同的存在形式，自然就成为我们下一章所要关注的重点。

STOPWATCH MARKETING

第三部分
把握销售时机的四大步骤

“天呐！不要用你的手表攻击我。手表不是转速太快就是转速太慢。我不可能听任一只手表的摆布。”

简·奥斯汀

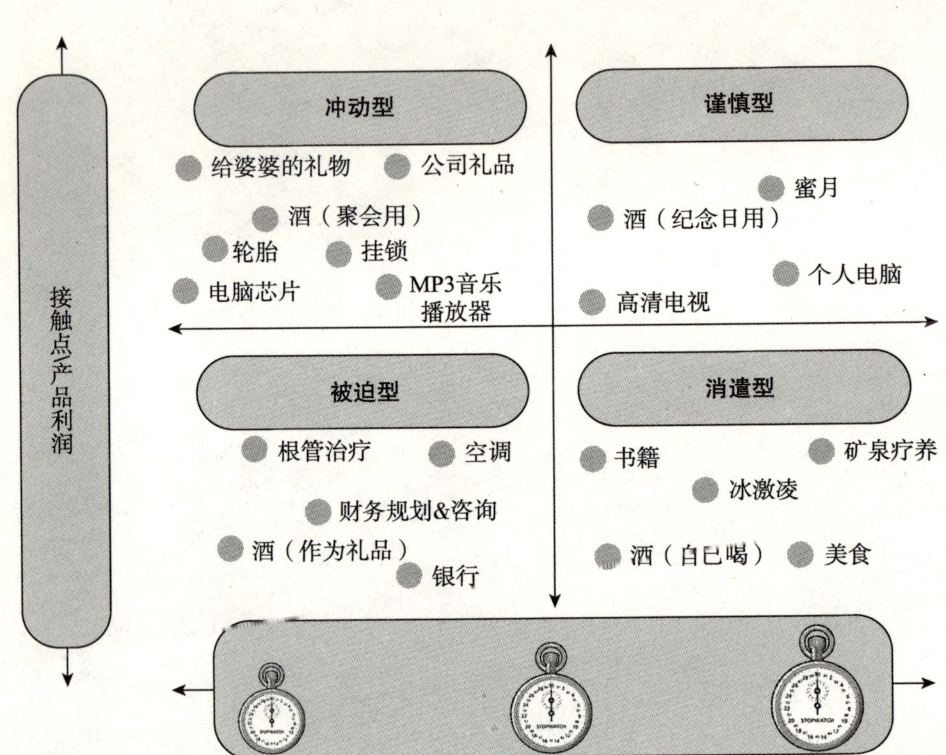

购物矩阵：产品与服务示例

第7章 STOP WATCH MARKETING

测算购物时间，精准锁定顾客群体

- 消费者更容易被产品的制造商而不是产品本身所吸引，这一点往往被人们忽视。
- 把握销售时机的关键在于，确立自身产品或服务的真正消费群体。
- 即使只是一个宽泛的象限定位，营销者也应当给予足够重视。

发现：确定营销对象及其购买决定

本章将围绕“改变”展开讨论，具体探讨如何改变营销思路，因为，**确定营销思路是以明确购物象限为前提的，这是秒表营销策略的首要步骤。**以往我们仅仅把购物矩阵当做一个有趣的概念；而现在我们所要做的则是，由大量的普通案例与具体个案入手，通过定量分析，确定秒表营销-购物矩阵概念如何才能够帮助公司抓住最佳的销售时机。

然而，改变又谈何容易。这种困难一方面源自人的性格本身，另一方面则更多地源自宇宙间的基本法则。同一个经历了数个世纪之久的逻辑法则，过去向牛顿解释了，为什么在不受外力的作用时物体会一直沿直线运动；现在则解释了，为何企业组织倾向于年复一年通过同样的工具和方法了解世界。事实上，单就那些商业策略的名称，就已经能够看出它们千篇一律的性质：季度跟踪调查、中期预算审查、年度计划，等等。

把这种现象称为“惯性”再合适不过了，而这种“惯性”，在成功的企业里表现得尤为明显。同时，因为不成功的企业最终都趋于倒闭，所以可以说，在任何一年里存活下来的大部分企业都是成功的。

时间就是商机

“营销惯性”既是企业生存能力的一种证明，同时也说明在成功的企业里所有的企业成员，下至初出茅庐的实习生，上至经验丰富的公司高管，特别是销售经理和营销经理，都热爱着本公司的产品或服务。

这些人着迷于产品或服务的方方面面，仿佛这已成为他们生活中的一部分；他们讨论公司的产品和服务，并且关注与此相关的各类报道，在我们外行人眼中，他们这样的行为与消遣型消费者毫无二致；他们利用假期参观五金商店、床垫厂，或者拜访轮胎经销商，难怪人们会称他们的假期为“日常工作假期”。**没有什么比完全投入到产品的销售和服务更能增强这种营销惯性，也没有什么比先入之见更容易造成对于消费者购物行为的错误评估。**

我们曾经有一位底特律的客户，他就认为和圣地亚哥－德孔波斯特拉古城（Santiago de Compostela）的经销商比起来，他们的陈列室更能吸引顾客。根据该汽车公司一位收入颇高的市场营销人员的说法，一天到晚都有顾客在他们的营业厅里讨价还价；考虑是购买还是租赁；填写信贷申请表，决定是否在延长保修服务单、防锈或者防盗窗安装单上签字；计算税额和执照费用等。顾客在做这些事情的时候都是兴高采烈的，所以他们认为，这就是消遣型购物。

对于这群在过去几年里捞了大钱的底特律车商们来说，他们总认为普通的购车者宁愿去看牙医，也不愿光顾汽车销售中心，而这种错觉所造成的影响其实是显而易见的。半数以上的购车者都认为，他们花了大价钱，但却并非物有所值（其实他们还是买到了一些东西的）。通用、福特以及原戴姆勒－克莱斯勒公司都非常确信，客户们在光顾汽车销售中心时，绝不会关心时间。毕竟，当你玩得开心时，时光一定是飞逝的。因此，他们也就错置了营销接触点。

> 比如，一旦确信这些潜在的别克、道奇或者默寇利·水星（Mercurys）的客户们是热切希望购车的，关键的营销目标就立刻变得非常简单，即引导他们购买一款车，而不是帮助他们挑选哪一款更好。在产品之外诱导客户的营销接触点上，营销策略的制定者投入了大量的时间、精力与财力；而对于丰田－雷克萨斯案例的研究则显示，他们几乎没有花费任何时间用于切实改善消费者的购物体验。

因此，营销人员绝对需要一种简洁有力且清晰明了的方式，确定其消费者所处的购物象限，这一点至关重要。营销人员将这个过程称为“发现”，它绝对是秒表营销策略关键性的第一步。在此过程中，消费结构中最为重要的因素，均被置于最佳象限之中。这一点，我们通过快速浏览图7—1的购物矩阵便可一目了然：有谁会放弃一览表中名气大、品牌好的公司（比如固特异、全食超市），而去选择领导普通公司（比如生产备用轮胎的公司以及传统的超市等）呢？

然而奇怪的是，尽管很多经理人对公司的产品或服务注入了感情，但是很遗憾，在致力于“发现”市场的过程中，他们却忽视了消费者在做出购买决定时所蕴涵的情感因素，更不用说为此筹划一次市场营销活动了。虽然并非所有的商品购买决定都受制于情绪，但对于香水、酒水和时装等商品，消费者的购买决定是一定会受到情绪影响的。不过，情绪对于购买决定的重要性，也常常被购买者自身所忽视。对于时间的感知是所有现象中最为主观的，因此，营销策略的制定者往往会对消费者手中购物秒表的转速计算有误。我们认为，在某种程度上，这一点应当归咎于现行的商学院研究生教育体制。因为，教一个市场营销专业的工商管理硕士怎样运用多元回归、因素分析和数据建模的方法，比教他如何识别一位开心的顾客要容易得多。尽管如此，在特定象限内，任何一种为某一种产品或服务进行定位的科学、有效的方法，都必须考虑到购物时的感性因素（“这很好玩”）和理性因素（“这是在我回家的路上”）。

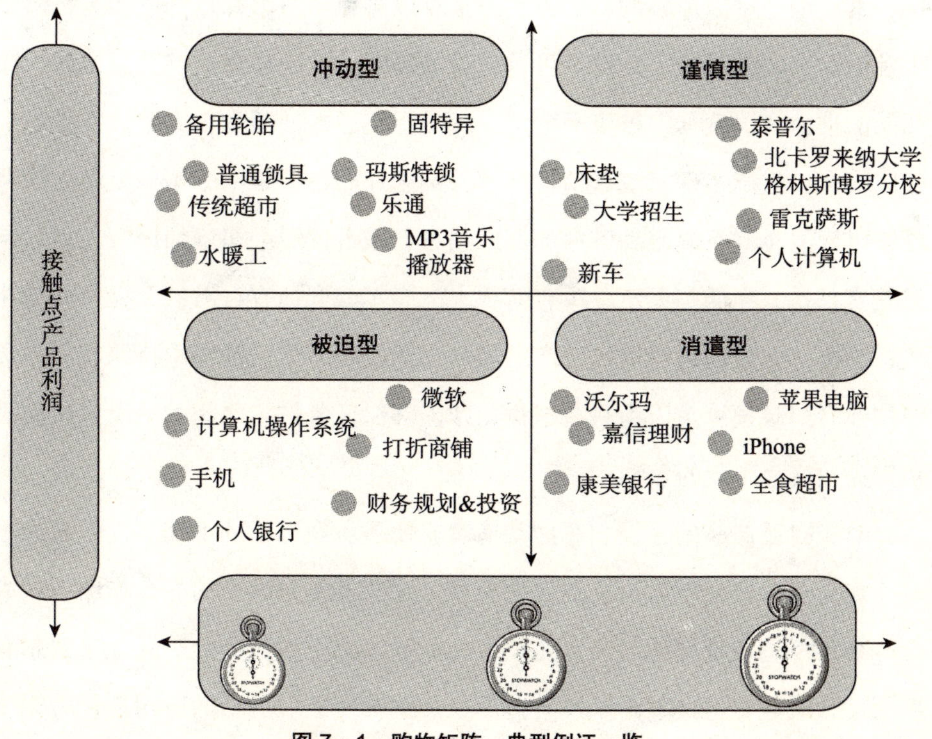

图 7—1　购物矩阵：典型例证一览

上述情况，尤其适用于B2B市场。因为在这种类型的商业交易中，我们总是要求购买者确保其年收入额以及奖金福利状况，甚至要求其出据工作、职位以及名誉的相关担保。难道你真的认为，这些年来“没有人曾因购买IBM计算机而被解雇”是出于一种纯理性的、把公司效益放在首位的利益权衡？或者，难道你真的认为，中层经理们花上三、四倍的高价使用联邦快递，完全是出于理性的考虑？又或者，难道你真的认为，所有的设计师和艺术家（他们曾是大学校园里长发披肩、不屑于研究生学位的叛逆者）纷纷购买苹果的PowerBooks而不买戴尔，完全是出于前者像素高的原因？

消费者往往被产品制造商而不是产品本身所吸引，这一点往往被人们忽视，其实也是可以理解的，因为它确实难以避免。所以，过分依赖于在研究生院里学到的量化技术，也是可以理解的，因为这同样在所难免。但是，用相同的理由为误读营销秒表而辩解，却是行不通的。道理很简单，不管你是舰队司令、生产经理，或者销售经理，不管你的目标是说服军事委员会增调航空母舰战斗群、说服高管增加生产预算，或者说服上司增加销售人员，结果其实都是一样的：无论空军有何要求，海军都会拥有自己的飞行员和战斗机；同样，无论销售经理或者产品经理如何要求，他们都将维持原有的人员结构或者财政预算。因为只有这样，才能够保证各部门之间的平衡，从而避免因为改变而引起的争端。

对于自己产品的喜爱、在冲动情绪驱使下所做选择的不确定性带来的不安，以及对于产品既占市场的保护意愿，在所有这些因素的综合作用下，大部分公司都趋于继续他们一直在从事的业务，除了在行业的边缘地带偶尔有所变动，其业务的核心则基本维持不变。这种现象对成功的公司来说，完全可以接受，毕竟，它们在激烈的市场竞争中生存了下来。

时间就是商机

作为一个商业人士，你应该明智地认识到，“物竞天择，适者生存”的自然选择规律并不只在生物的进化过程中发挥作用。要把经事实证明了的、有用的适应性保存下来；那种为变化而变化的做法，对公司的生存与发展并非全然有益。

恐龙在地球上生存了一亿年之久。在这个漫长的过程中，它们一直对变化表现出明显的抗拒，直到一颗小行星撞击地球而将它们彻底地送入历史。

事实就是这样。在商业竞争中，这颗小行星可以是一个全新的行业竞争者，也可以是市场份额或者利润的大幅下跌，又或者是消费者喜好的变化。然而最令人恐惧的，则是目标消费者对于既定需求出现了巨大的转变。有关这一点，历史上不乏许多活生生的例子：

> 1870年，石油的使用将鲸鱼油产业带进历史，而1970年的科学计算器则彻底取代了计算尺行业。但是，即使在那样的时候，传统的思维方式依旧没有改观，人们仍然热衷于“做一直在从事的工作”，只是希望做得更好、做得更快、做得更物美价廉，并强调“向基本面回归”。1969年，美国计算尺行业的最大制造商皮克特公司（Pickett Company），将一种新技术应用于设计线条的N600对数计算尺（the N600 logarithmic slide rule）上——使用该计算尺设计的线条“比人类的头发丝还细”。据该公司自己的说法，这种计算尺甚至伴随阿波罗11号登上了月球。但是他们却没有认识到，他们销售的并不是几块经过仔细打磨加工的木头、塑料或者金属，而是有关数学问题的解决方法，所以我们计算器上的商标应该改为“法贝尔－卡斯泰”（Faber-Castell，现译辉柏嘉）而不是“惠普”。

当然，对此我们并不能一味苛责计算尺制造商，而全然无视机动化产业执行秒表营销策略时遇到的困难。因为不管当时的皮克特公司如何深刻地认识到，他们所设计的美观计算器已经从一个拥有谨慎型消费者的中型消费市场，陷入到徘徊于拥有少数收藏者的消遣市场边缘的境地，他们都依然无法阻止该行业行将消亡的命运。**但是，对于在管理方面存在诸多问题的公司，能否正确地理解消费者的需求，则是其必须解决的首要问题。**

秒表营销策略的关键在于，确立其产品或者服务的真正消费群体。

> 联邦快递公司之所以能够成为一个年营业额高达290亿美元的大公司，背后有许多原因。但是我们最为肯定的一个原因就是，它们知道自己的服务对象，不是美国企业的收发室经理，而是一些中层管理人员。这些管理人员在紧要关头可以告诉收发室的工作人员采用“联邦快递”，而不去考虑公司规定、供应链经理的喜好以及其他情况。
>
> 根据我们的经验，大多数公司，或者确切地说是它们的市场营销部门，在确立目标市场方面都做得不尽如人意。大公司多善于制订一些媒介目标，诸如“25~44岁的妇女”之类，尤其善于为它们的目标消费群体提供群体特征方面的细节性描述，比如“高收入阶层，郊区居民，25~44岁，有工作的母亲等”。而在我们看来，这些公司的不专业之处恰恰在于，它们用感性的或目的明确的词语界定其目标市场，希望以此形成有效的市场营销，从而达到销售产品的目标——毕竟销售是上述一系列行为的最终指向。

“无”的放矢是于事无补的，这就好比是在纸板上画了一个目标点，而枪却又不朝它瞄准发射。在上述“联邦快递”的案例中，公司管理层最为明智之处就体现在，他们对于公司目标市场的界定，好比受任期所限、但具有独立决断权的经理。短短一句话，即明确了其营销目标群体以及可实现的收益。

同样在该案例中，目标市场消费群体的既得利益也是显而易见的——不会被解雇。因此，这些有机会获准留任的中层经理们才会心甘情愿地支付五倍之高的价钱，使用联邦快递而不选择美国邮政总局，以确保他们的包裹、信件或发票可以在一夜之间到达目的地。联邦快递的口号是："一夜之间，到达无疑"。**它精准地抓住了消费者的消费心理，因而成为经久不衰的经典营销案例。**其实，这种洞察力来源于一种坚定不移地认识，"受任期所限、但具有独立决断权的经理们"是他们的目标营销群体，而这些管理者的深层情感需求则是"不要被解雇"。

所以，秒表营销策略的第二个关键就是要确立以下三个要素，以此判断顾客能否实施购买行为：

- 这是不是一个重要的购买行为？购买者在制定购买决策的过程中混杂了怎样的因素，比如需求、待解决的问题、希望以及梦想？
- 一旦决策失误，是否存在风险？购买者在利益和风险之间会做出怎样的抉择？
- 购买者会花费多少时间和精力制订购买计划、研究购买方案并实施购买行为？

完善焦点小组

从根本上说，这些问题都非常主观，并且都可以用一种定性的方式进行最好地回答。**我们发现，和客户最有效的沟通，往往开始于一系列具有针对性的分组面谈，这些谈话最好是在所有的定性调查开始之前进行。**所以，确实大多数拥有预算的市场营销人员都会进行调查。然而，焦点小组有意于提出秒表营销策略所需的问题，并且特别关注消费者决定购买的时间。此外，我们再次强调情感因素在决定购买时的作用。

在此之前，我们曾描述了消遣型购物象限中参与者的心态“我等不及要再去……这真的很有趣”以及冲动型购物象限中的情形“还没完啊，我不能再等了。”因此，焦点小组的演练大多数时候都意图触及那些敏感问题。

> 我们会提出诸如此类的问题“如果没有______，你会怎么办？”、“你在一天的购物结束之后，感觉如何？”、“如果你可以去除这个经历中的某些方面，你会去除哪些？你会将这些工作丢给谁？这样做可能会让他们产生怎样的感觉？”

此外，我们通常会在相关的小组活动之前，给参与者布置许多作业（作业都是关于产品本身或者使用者意向的），然后让他们带上最能代表他们感觉——他们购买我们正在调查的任何商品时的感觉——的一篇文章或是一则杂志广告，到焦点小组参加讨论。比如，在作业中我们或许会要求他们带上能够表达他们今天以及今后将会产生感觉的杂志广告（当然，这些广告都和我们正在调查的商品相关）。这种对比–比较的演练，往往可以引发关于真实情感需要的坦率讨论。

我们给焦点小组（这是制定秒表营销策略的起点）提供我们多年积累下来的经验，以及与市场调查专员们进行交流的机会。这些专员们能够处理本质的问题，包括招募、调节、制造刺激因素并且向小组提交报告。有时，这些专员们也能以另外的身份出现，专门从事咨询服务；而有时他们则由客户自己的调查部门提供。如果你缺乏类似的经历（或者对整个流程不太熟悉），那么我们这里所得出的结论就可能令你感到困惑。

研究焦点小组的首要目的，是为了确定一个给定品牌、一家给定公司或者一件给定产品的目标消费群，在花费时间形成购买决定的时候身处哪个象限。为了完成这一目标，我们需要找出以下三个基本问题的答案：

- 这重要吗？
- 有风险吗？
- 要花时间吗？会有麻烦吗？

上述三个问题的答案，可以帮助我们确定多数购物行为的象限，同时又决定着由具体象限问题构成的、焦点小组中另一部分趋势的走向。

而在众多基本问题中，我们全力推荐以下9个：

- 这次购物是否重要？
- 是常规购物还是罕见购物？有多罕见？一年两次？十年一次？
- 你有延迟购物的倾向吗？你是在经过思考和调查以后，决定推迟购买的吗？
- 如果你的确推迟了购买，原因何在？是你真的不想买了，还是你害怕买错东西？或者你认为整个购物过程不愉快？
- 你要买的东西，是否值得你花费时间研究比较，以确定自己做了明智的选择？你个人认为，何谓“值得”？
- 你是从哪里获取的商品信息——报纸、《消费者报告》、朋友还是亲戚？你花了多少时间收集信息？你是否需要花费更多的时间，考虑这次购买、实施这次购买并使用这件产品？
- 如果你做错了购买决定，结果会怎样？这一结果仅会影响到你个人，还是其他人（你的老板、客户、配偶、同事、孩子）也将知道这一结果？你会长期受到这种不良后果的影响吗？

- 你期望在那里购物吗？你期望寻找某一产品或服务的销售吗？你期望购物之前对产品有一定了解吗？
- 这一购物过程是愉悦的还是痛苦的？

围绕三个关键问题（重要性、风险性、时间以及纠纷），我们对消费者的购物类型有了大致了解。下面，我们来讨论“识别所在象限的指标”——通过一些具体问题的考察，将被动的消费行为与主动的购物决定归入某一象限之内（如图7—2所示）。

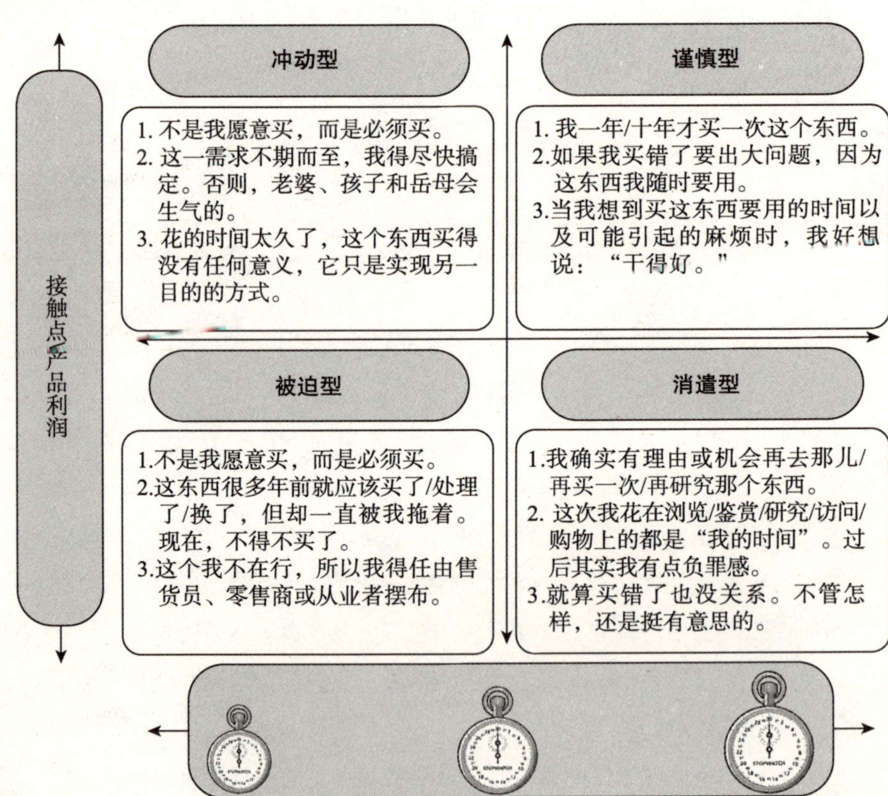

图7—2　购物矩阵：消费者象限鉴别示例

实际的情况是，跳脱焦点小组的背景，我们发现，把用于识别上述象限的问题以判断正误的形式给出，效果最好；例如，“是或者否：如果买错了要出大问题，因为今后10年我都会用到高清电视。”

将上述问卷应用于实际生活，想象一下，引导焦点小组的受访人群去发现全食超市与固特异轮胎的不同，理解二者不同的购物体验，这些在前面消遣型购物与冲动型购物的章节中已做过详细讨论。这并不牵强；常常有被迫型或冲动型象限内的客户，要求我们帮助他们找到能够使消费者获得更加愉悦、有趣、收益更多的购物体验的方法。下面是一份为完成发现任务的焦点小组设计的讨论指南。

讨论指南例示

天然食品/更换轮胎焦点小组

讨论指南

用时	**论题**
0:00-0:10	**焦点小组概要，简短介绍等** ▶ 欢迎/感谢光临 ▶ 讨论目的 ○ 参与者必须如实回答问题 ○ 答案不区分对错 ▶ 今天的论题是购物——购买两类非常不同的物品——食物与轮胎
0:10-0:20	**信息来源，惯用媒介，主题** ▶ 我们都遭受过媒体宣传的围困——有些属于娱

乐性质，有些则是纯粹的信息。我所感兴趣的是那些你定期消费的具体媒介：比如，你经常看什么电视节目，翻阅哪些报纸杂志，关注哪方面的消息（商讯、网页上的每日图片新闻）等。

- 回想所有的相关媒介——你习惯通过哪种媒介，获取所要购买商品的信息？
- 不同类型商品的宣传媒介有何区别？联系现在我们讨论的两类商品，食品与轮胎的宣传媒介有何不同？（是否一些来自于电视宣传，一些来自与网络宣传？）
- （如果受访人群没有提及上述问题，直接询问食品与饮料是一个可靠的备用选项）：每一种不同的食品/饮料都有自己的某些优势，最近你听到过哪些相关宣传？

0:20–0:35

食品购买习惯

- 你在哪里购买家庭日常的食品与饮料？
- 你是如何选择购物地的？
- 你是如何划分这些购物地的？
- 同一购物地，你的购物习惯是否也保持相同？如果不是，又是怎样的/为什么会是这样的？比如，你是否会在某一个购物地停留较长时间，而在另一个则会“直接冲出去”？
- 如果你有机会为其他人提供在某一地区的购物建议，什么地方是你所不会建议的？为什么？

0:35–0:50

讨论全食超市的购物体验

提请参与者注意，他们曾经被要求说出一项能够激起“全食购物体验”回忆的东西。现在我们将对此加以讨论：

- 这个东西如何代表全食？是什么使全食显得与

众不同?
- 你在全食购物有多久了? 当初你为什么要选择全食?
- 全食代替了其他什么商店? 它是额外增加的购物地吗?
- 你多久去一次全食? 如果不是每周都去，那么是什么促使你迈进全食?
- 哪些食品你只在全食购买? 哪些不在? 为什么?
- 天然食品调查：
  - 什么是“天然食品”?
  - 为什么它们对你很重要? 你多久购买一次天然食品?
  - 什么食品/饮料对你来说一定要是天然的? 哪些是无所谓的?
  - 请补充完整下列句子：“天然”的食品，其中必须要含有________。
- 当我走进全食，我感觉________。
- 在全食购物的人，往往是那些________。
- 透过所有的一切，全食的确是一家________。
- 我期望从全食享受到、而其他超市无法给予我的一点是________。
- 我知道，全食销售的东西是________。

0:50-1:15 **全食超市象限界定**

那么，想一想通常的一周或者一个月吧……
- 光顾全食对你有多大意义?
- 我们划分出从1到10十个等级，1代表“我害怕去，我正拖着不去”，10代表“我正盼着去呢”；那么你对于再次光顾全食的盼望出于哪一等级?
- 如果你的确做了拖延，为什么? 哪些因素促使你不想去全食购物? 哪些因素决定着你购物的愉快程度？这些因素对你的影响力在增大还是缩小？为什么？你搞砸过在全食的购物吗？如果有，事情是怎样的？都发生了些什么？

- 你认为，值不值得花费更多一些的时间进行研究与比对，以确保在全食购物是正确的选择？你个人如何定义“值得”？
- 假如存在这样的可能性，你认为何时在全食购物会是一个错误的决定？如果你做了这个错误的决定，会产生什么后果？这一后果仅对你个人产生影响，还是它同样会波及其他人，比如你的配偶、家人等？你打算长期使用你错误决定下所购买的商品吗？
- 你期待在全食购物吗？你是否会在购物前提前阅读相关的产品信息？
- 在全食的购物是愉悦的，还是痛苦的？

下面，请你根据最近在全食的购物体验，回答下述三个“判断正误”的问题（假设我们截至目前为止的讨论，让我们有理由认为全食超市位居消遣型购物象限）：

- 实际上，我有理由和机会到全食再次购物，研究那里的货品等。
- 这次我花在浏览、鉴赏、研究、访问、购物上的都是“我的时间”，过后其实我有点负罪感。
- 就算买错了也没关系，不管怎样，还是挺有意思的。

1:15-1:25

替换轮胎

现在，按照前文的承诺，我们将完全改变航向，探讨另一类截然不同的购物体验。让我们来讨论你最近一次更换的汽车轮胎。

- 你拥有的以及你最常用的是什么牌子/型号的

车？今天你是开它来这里的吗？

- 你拥有这辆车多长时间了？
- 购买轮胎时你附带购买其他零配件了吗？有更新吗？更新了什么？为什么要更新？
- 你为什么要购买这个牌子/型号的车？哪些因素对你很重要？你希望从购买中得到哪些收益？
- 你最喜欢你车的哪一点？你如何描述你的车在你生活中所扮演的角色？为什么？
  - 仅仅是交通工具
  - 家庭的一个组成部分
  - 自我形象的提升工具
  - 其他（补充具体内容）
- 你是否乐意与我分享你家庭作业中的内容？你为什么选择你所选择的内容？寻找这些照片容易吗？或者有困难吗？为什么？
- 根据前面的讨论，轮胎对你意味着什么？
- 你如何看待或理解它们（轮胎）？

1:25–1:45 **近期的轮胎购买过程**

- 让我们来重温一下你最近一次的轮胎购买经历。你是多久之前买的轮胎？
- 你如何知道需要更换轮胎了？你是自己得出更换轮胎这一结论的，还是其他人告诉你的？如果是其他人，这个人是谁？
- 你当时是怎么想的？
- 当你发现需要更换轮胎时，是否做了相关调查？你是否搜索了轮胎信息、查询了轮胎广告/特价广告、咨询了他人、浏览了网页等？如果有，你采取了上述哪种形式？如果没有，为什么？
- 在意识到需要更换轮胎之后，你多久才前往商店？为什么在那个时间去？

- 你去的哪家商店？为什么选择那家店？购买轮胎的过程中发生过什么？
- 那些因素是你希望新轮胎所具备的？哪些关键性因素决定着你对于轮胎品牌的选择？你在找寻什么？你如何决定购买哪一个？
- 你在哪里做出的品牌选择决定？为什么是那里？你在进入商店之前，是否已经决定了购买哪个品牌？为什么？为什么你会提前就决定好了购买这一特殊品牌？
- 你与店员进行的是何种形式的交流？
- 经销商是否向你推荐某一品牌的轮胎？如果有，是哪一个？你是否曾经听说过经销商的推荐品牌？
- 你最终购买了哪一个品牌？
- 你在购买轮胎的商店有着怎样的购物经历？是好是坏？为什么？你有何种感受？
- 当你最终买下那只新轮胎时，感受如何？为什么？你觉得新旧轮胎有何不同？

1:45-2:00

更换轮胎象限界定

那么，想一下你的轮胎购物之旅吧……

- 你到轮胎店的购物之旅，是你一周、一月、一年中的一件大事吗？
- 你是否察觉自己有延迟下一次进轮胎店的倾向？你是在经过思考与调查之后，做出推延决定的吗？
- 如果真的做了推延，为什么？是因为你真的不想买？还是担心买错？还是感觉整个购物过程不愉快？
- 你认为，值不值得花费更多一些的时间进行研究与比对，以确保在某一轮胎经销商处的购买是正确的选择？花费在比对上的时间，能够为你带来哪些收益？

- 假如存在这样的可能性，你认为何时在一特定经销商处进行的购买，会是一个错误的决定？如果你做了这个错误的决定，会产生什么后果？这一后果仅对你个人产生影响，还是它同样会波及其他人，比如你的配偶、家人等？你打算长期使用你错误决定下所购买的轮胎吗？
- 你期待在某一轮胎经商处进行的购买活动吗，你是否会在购物前提前阅读相关的轮胎信息？
- 购买轮胎的过程对你来说是愉悦的，还是痛苦的？

下面，请你根据最近购买备用轮胎的体验，回答下述三个“判断正误”的问题（假设截至目前的讨论，让我们有理由认为购买备用轮胎位居冲动型购物象限）：

- 不是我愿意买，而是必须买。
- 如果买错了将是一个大问题，因为某些人（配偶、孩子）会被激怒，而责任则要由我承担。
- 挑选 / 购买 / 安装的过程相当费时，因为轮胎本身并无任何意义；它仅仅是完成另一些事情的工具，比如开车去看孩子们的足球赛、工作，等等。

非常感谢你的参与。

量化发现的调研

随着目标的锁定，以及对于购物类型三大问题的基础性回答，我们可以展开更为具体的探索发现过程。这里，你应当能够对你目标消费群体购物类型的所在象限，做出一个有根据的判断。当然，有时上文所描述的定性影响也能够代表一种充分的方式，至少是可以接受的方式。这种情况下，就需要以此为基础，制定市场营销的计划与策略。这里需要反复强调的一点是，即使只是一个宽泛的象限定位（与秒表行为有必然联系），我们也应当给予足够重视，而不是完全充耳不闻。

但是，从实际的分析状况来看，以事实为依据的、具体的量化分析方式更受欢迎，同时也更能够促使购物决定的形成。如果你和你的机构拥有继续量化分析象限定位的预算资金，那么下面的部分，我们将就具体的操作为你提供关键性指导。

量化考察消费者行为的一个重要原因在于——发现结果表明，**当你的消费者做出购物决定的一瞬间，并非每一位消费者，同时也并非每一类产品，都会一成不变地仅仅与单一象限内的所有维度相匹配。**虽然象限是一个二维的概念，其中的两个维度相互抵触、各自为政，但是事实的情况却并非如此。真实的情况是，我们必须考虑所有可能的因素。**你，作为一名营销人员，必须设定一个动态的营销环境，其中的消费者会根据不同情况随时变换象限。**对于一些人而言，购买与替换轮胎的过程是有趣的。本书的图表中曾经介绍过象限的概念，我们有意将酒品的购买者置于所有的四个象限之内，以对此加以强调——购物者在矩阵中的位置，由具体的目标消费者、购物时机与购物用途所决定。而我们真正感兴趣的是，每一象限中的消费者比例以及可以获取利润的比例。建立了对此的充分了解，我们才可以决定应当在哪一象限内投入最多的营销资源。

纯粹的市场调研论者会认为，我们这里讨论的是“根据情况而定的市场细分”。他们基本是对的，但并非完全正确。**我们所建议使用的是一种全**

新的市场细分方式——一种建立在消费者购物秒表之上的细分。传统的细分方式不是致力于价格细分（折扣、倾销、附赠）、产品细分（低度啤酒），就是集中注意力于消费者需求细分（喝啤酒的人关注自身体重）。在介绍我们的秒表营销策略之前，我们首先要对以消费者需求为基准的划分方式表示赞同。

时间就是商机

如果营销人员能够有效界定一大批有稳定需求的消费者，这些营销者就应当有能力发展出一套满足消费者需求的营销策略。秒表营销策略，实际上，就是一种包含了购物类型的、以消费者需求为基础的划分方式。

举个例子来说，位于消遣型购物象限内的消费者，他们对于某种东西（娱乐、成就感、自我满足感）的需求以及他们的购物类型，使他们愿意接受自我束缚的购物时间——他们愿意花费这样的时间收集信息、完成购买活动。而当实际的交叉分析表与象限内的利润率 / 经济状况相抵触时，根据秒表营销原则进行细分就有了如图 7—3 所示的矩阵。

从哪里、通过谁，最容易得到最大销量与利润？如果不计市场细分的专业术语及图表，我们需要回答的问题是“每一象限内，我们目标市场所占的份额为多少，我们所花费的资金及获得利润所占的比例又为多少？”将此问题进一步简化，即“位于每一象限内的消费者有多少，每一象限内的产品投入资金又是多少？”

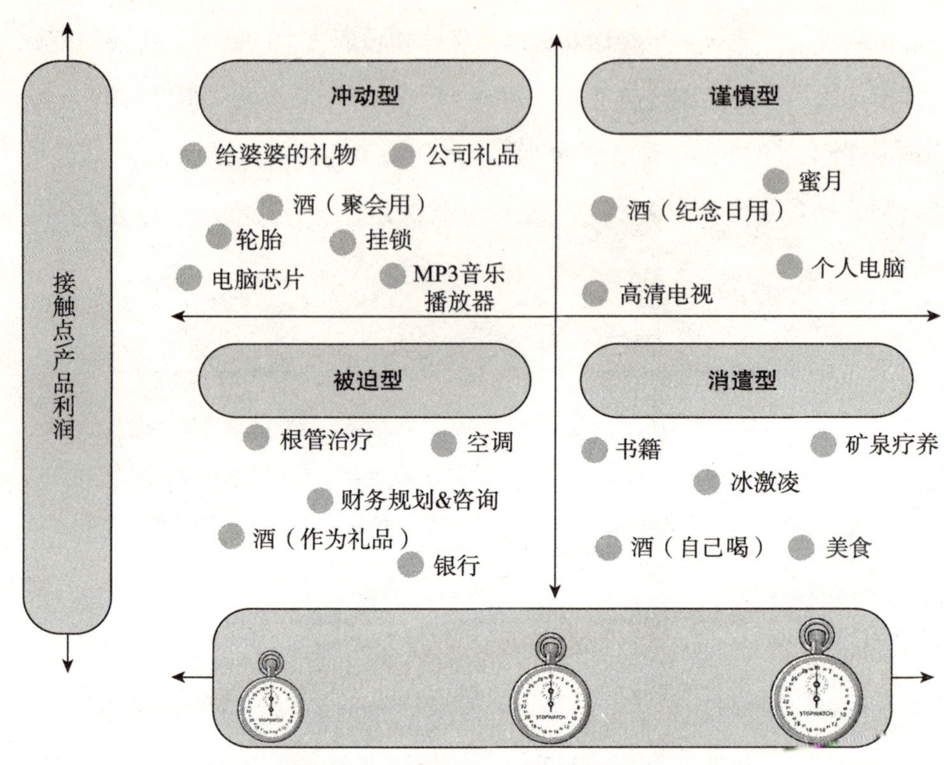

图 7—3　购物矩阵：产品与服务示例

为了准确定义购物矩阵并将之推广流行，同时也为了鉴别最具营销前景的象限、精准把握销售时机，你需要从后续的量化市场调研中获取一些粗略的基本概念。事实上，你需要以下三方面的调研结果与数据分析。

- 消费者的需求缺口：这一缺口存在于消费者认为重要的需求，与他或她最近采用的解决方式所带给他或她对于重要需求的满意度，二者之间的不一致性。以乘飞机前往芝加哥为例，安全、准点到达是最重要的需求，但是仅仅准点到达所带给乘客的满意度却是相当低的。重要与满意之间的差别，正表现为需求缺口。

- 消费者的秒表：指目标消费者花去一天、一周、一小时或者一年（依象限而定）中的多少时间，处理问题识别、信息搜集、可能性评估、购物决定、购物后反思等问题。
- 消费者的价值判断：由上述两方面组成，至少同时涵盖两个维度——决策影响所占的比例，以及年交易量/利润率所占的比例。

量化发现步骤1：需求缺口

界定需求缺口属于传统的定量研究方法（这里，我们再次设定，你接触过有实际经验的研究者或管理者，所以此处我们会快速跳过，把更多的详细阐释留给步骤2和步骤3）。此步骤的关键点在于，给出至少25个“需求陈述”，然后提问两个问题：“这有多重要？”、“今天你满意吗？”这里有5个等级的划分：等级1=一点都不重要，等级5=极为重要。以购买备用轮胎为例，我们可以询问：

下一套轮胎对你有多重要……

- 是否被《消费者报告》认证为安全轮胎?
- 是否能够行驶4万英里以上?
- 是否和你的车相当匹配?
- 是否在任何天气状况下都马力十足?
- 在商店的购买经历是否愉悦?
- 是否经过调查，认为此种轮胎最好，然后才决定购买?
- 是否经销商给了优惠，你才决定购买?

- 是否在一个来回不到 1 小时车程的店里购买?

你对目前使用轮胎的满意度……

- 是否被《消费者报告》认证为安全轮胎?
- 是否能够行驶 4 万英里以上?
- 是否和你的车相当匹配?
- 是否在任何天气状况下都马力十足?
- 在商店的购物经历是否愉悦?
- 是否经过调查，认为此种轮胎最好，然后才决定购买?
- 是否因为经销商给了优惠，你才决定购买?
- 是否在一个来回不到 1 小时车程的商店里购买?

对于上述问题答案的分析，将为你提供：

- 重要因素排行：
  “优惠”是否比“安全保障”、“车程距离”更重要? 这往往是排在最前面的几个因素。
- 满意度排行：
  “优惠”、“安全保障”以及“车程距离”，你的目标消费者对哪一个因素的满意度最高?
- 需求缺口排行：
  重要性得分与满意度得分的差值，就是需求缺口。如果重要度得分很高，而满意度得分很低，其中则蕴涵有巨大的营销商机。
- 以需求为基准划分市场的基本点：
  这一划分很简单，你只需要建立一个重要性与满意度的矩阵，在其中分出高 / 中 / 低三档——比如，确定有多少消费者位于高重要性 / 低满意度的维度。假设你既有时间也有预算，那么就运用一些数据简化的技巧吧，比如应用要素分析，将需求型分区内的回复数据缩减到一个可控制的范围内（4～6个）。这些显示出的分区可能会被称为“便捷”、“时间紧迫”、“权威”、“安全”、“保守”等。

正如之前我们所注意到的，传统的市场调研分析或者说市场细分，到这里也就结束了。更确切地说，研究与分析往往止步于此，同时营销策略开始应用于市场。营销管理人员这时会说：“我明白了。我们48%的目标市场都位于‘安全’的分区内，我知道应当如何找广告商做一个有关商品安全性的广告，十分感谢。我们这就联系广告商，拍一些可爱的小宝宝和我们的产品一起玩耍的照片。”

上述对消费者需求的量化分析可能使消费者满意，同时也可能产生需求缺口，或者提供过多的消费者满意度，但你以及你公司的品牌经理与产品开发人员却可能无力提供充足的资源作为支撑。如果结构正确，那么这种分析就能向你传达开始确定产品和服务的象限时所必要的情感因素。

时间就是商机

为数众多的需求缺口，尤其是那些情绪化的（不合理的）界定，意味着你的消费者将产品象限进一步向东（愿意投入时间购买、研究、搜集信息）或者向北（愿意投入金钱）移动了。

量化发现步骤2：秒表

为了真正从消费者的购物时间上获利，从你的市场调研投入上获取最大化利益，依据秒表营销策略，你会想要进入到下一步分析：**从深入细致且可量化的细节中，理解消费者愿意在特定商品上所花费的时间，即了解消费者购物秒表的型号。**因为此项调研的参与者人数众多，所以我们可以要求他们以下述问题为依据①，进行自我陈述。

回想一下你最近购买的 ______，请告诉我：

1. 什么时候，你第一次想起需要买一个新的 ______ 了？

   A. 买前一小时

   B. 买前一天

   C. 买前一周

   D. 买前一个月

   E. 很久之前

2. 请你写出哪个品牌是你在购买 ______ 时首先想到的。

3. 什么促使你想到对该商品的购买？

4. 你的信息来源是什么（这里我们有一个很长的清单，其中包括了报纸、杂志、书籍、亲戚、业内人士、销售人员以及同事，等等）？

5. 从上述你实际应用过的信息来源中，挑选出你能够记得的条目。

   A. 什么原因促使你使用或查阅它们（广告、口碑、网络搜索等）？

   B. 第一次查阅它们的时间。

   C. 多久查阅一次？

   D. 花费了多少时间？

① 请注意，为了保证调研的真实有效性，问题必须以选择的形式给出，如问题 1 所示。而为了阅读的方便，我们这里只给出问题，而省去了相关选项。——作者注

E. 这一阶段花费的时间与你预期计划花费的时间相比，是多了还是少了？

F. 使用或查阅之后，你对 ______ 的想法是否有所改变？

G. 这一步骤，对你最终购买决定的形成，产生了多大程度的影响？

6. 你是否曾经看到或听到有关 ______ 的广告？如果有，什么时间，以何种形式？

7. 在实际购买行为发生之前，你考虑过哪些其他选择？

8. 什么时候、何种情况下，你想到了这些其他选择？

9. 当实际购买决定形成之后，你在商店里会花费多少时间？

10. 你会选择在一天中的什么时间，走进商店购物？

11. 购物后多久，你会开始使用这一产品？

12. 购物后，你产生“假如买了别的是不是会更好一些”的想法的频率是多大？

13. 设想下一次购买 ______ 的情景，请回答下列判断正误问题：

A. 不是我愿意买，而是必须买。

B. 如果买错了将是一个大问题，因为某些人（配偶、孩子）会被激怒，而责任则要由我承担。

C. 花的时间太多了，而（研究不同产品、购物过程以及最终购买的产品）这些本身并无任何意义；它们仅仅是实现另一些事情的方式。

D. 过后想一想，我会对自己说：“做得好。”

E. 用在浏览、鉴赏、研究、访问、购物等活动上的都是“我的时间”。过后我其实有点负罪感。

F. 这一需求不期而至，我得尽快搞定。

G. 这个我不在行，所以我得听任售货员、零售商或者“从业者”等人的摆布。

H. 就算买错了也没什么关系，还是挺有意思的。

14. 设想下一次购买 ______ 的情景，请回答下列多项选择问题：

A. 我（一天、一周、一月、一年、十年）买一次这个。

B. 实际上，我有理由去那里再次购买或研究这个东西。

C. 如果买错了要出大问题，因为这是我要持续用十年的高清电视，一定不能错过这个机会。

对于上述问题答案的分析，提供了我们绘制购物矩阵横轴的具体信息——消费者购物秒表的型号以及复杂度。借助以时间为单位的坐标轴，我们应当能够很容易地罗列出每个象限内的消费者比率。

现在，我们将引入时间段分析的概念以及秒表的影响力，以便在以下的章节中能够更加完善地介绍资源分配的相关问题。营销人员有时会用一系列连续的消费者行动步骤来描述购买行为：

意识
考虑
试用
购买
使用
忠诚

秒表营销所固守的一个核心理念正在于，每一阶段的决定性因素都绝对

受制于消费者的可用时间。因此，我们称这些阶段为“时间段”。由本章目的出发，我们将采用一些通用的描述符。同时，我们将强调的一点是，上述秒表研究的重要目标之一就是，确定你的产品或服务所独有的具体时间段以及象限区域。即对于具体产品而言，我们希望通用的时间段概念“估价”可以被替换为“查阅信息资源”、“咨询专业人士”、“走访三家不同商店”——无论调查结果如何。这就是上述推荐问题中包括“什么促使你首先想到购买该商品？”、“你的信息来源是什么？”、“你首次借助这些信息来源是在什么时候？”以及“你花在商品调研上的时间是多少？”这些问题的原因。

上述14个问题的意图在于确定你的产品或服务所在的象限以及你的产品或服务的专有时间段（意识、考虑等）。

秒表营销的基本观点认为，每一个购物决定都能够用一块不停运转的秒表加以测量；但是，秒表的转速并非一成不变。**在具体的时间点上——将一个时间段区别于另一个时间段——消费者做出决定（有时是有意为之，有时是随意为之）而进入下一个时间段。**

时间就是商机

应用秒表营销策略的关键在于，在一个重要的时间段内拨慢秒表，以此增加进入下一时间段的目标消费群人数，促使消费者完成购买活动或立刻终止售卖。

举一个简单的例子：如果关注我们品牌的消费者当中，75%的人进入到考虑时间段，而后40%的人进入试用时间段，那么总计就有30%（40%×75%=30%）的人在此阶段停留。上述问题3~6，正是希望借助营销活动，影响每一个时间段内的消费者。即延时秒表时间（消费者花费在每一时间段内的时间），或者增加进入下一时间段（秒表依然运转）的目标消费者。

增加每个时间段内转动着的秒表的数量，就是我们所说的秒表影响（stopwatch leverage）。即秒表影响是一种在每个时间段内积极影响消费者的能力。

> 在上面的例子中，如果处于考虑时间段内的营销活动，能够将进入试用时间段内的人数比例由40%提升至45%，那么总计进入该阶段的目标消费群比例将升至33.75，而非原来的30%（45%×75%=33.75%）。这里，并不是仅有表面上3.75%的增幅：它代表着12.5%的实际消费者数量增幅，意味着试用你产品的消费者人数增加了12.5%（3.75/30%=12.5%）。这就是所谓的秒表影响。

综上所述，理解这些时间段，对于下面章节中资源分配问题的阐述至关重要。而现在，我们需要重新回到本章的主题，在你的产品或服务最合适的象限内，定位最具前景与价值的目标消费群，以期为你的整个营销策略提供全景式指导。

量化发现步骤3：消费者的购买能力

为了完成发现的过程，你需要首先评估你消费者的需求缺口，同时需要测定消费者的相关购买能力。前述问题中，受访者有关时间问题的答案，一定与你的公司对于时间价值的相关考量有所抵触。针对此问题最简单快速的解决方法就是询问："去年你花在 ______ 上多少钱？"当受访人群基数足够大时，上述自我陈述的考察方式也会相对精确。根据考察类别以及可用数据，你或许已经从包括消费者清单、直接营销影响以及日记样本等资源中，了解到了受访者的支付能力。

但是，**除非你已经知道答案，否则你必须询问受访者的真实购买能力——即消费者决定购买物品的市场价格。**回想一下我们量化发现结果的目的：确定你的产品或服务的购物象限。界定这些象限的矩阵拥有纵横两轴，横轴代表消费者的秒表，纵轴是你作为一名营销人员可用的利润点 / 接触点。一个有效的时间段分析应当提供具体详细的量化性横轴——消费者的秒表。而消费者比率以及他们在此的年花费比率，可以通过一些时间维度的测算方式获取。

此处你需要加入分析的是一些相关的量化的消费者支出情况，并将它们显示在矩阵的纵轴之上——利润点 / 接触点。通过具体细化的花费总额、消费者在此的花费，以及一条描述二者之间分配关系的曲线，你可以从销售与毛利两个维度定位你的产品消费群。至少从上述问题的答案中，你可以明确，你的产品或服务是代表着一种愉悦的、消遣型的购买过程（全食超市），还是一种不愉快的、被迫型的购物过程（零售银行）。

为了进一步扩大消费者在纵向轴上的影响力，我们建议使用一种称为“衍生重要性”或“决策影响力”的技巧。还记得前面那 25 道与需求缺口（重要性减去满意度）相关联的问题吗？在问卷中，我们针对每项陈述问第三个问题：“哪一品牌与此陈述的关联度最高？”而在问卷的另一部分，我们的问题改为：“你最倾向购买哪一品牌？”这里，我们可就说明重要性与衍生重要性的关系做另一组排名。一组常见的例子是：

- 问题：买车时考虑的首要问题是什么？

  答案：安全性能。
- 问题：考虑最少的是什么？

  答案：形象——人们认为车是成功的象征。
- 问题：哪种车与形象联系最紧密？

  答案：宝马。
- 问题：哪种车安全性最好？

  答案：沃尔沃。
- 问题：假如圣诞节有大笔的分红，你打算买什么车？

  答案：宝马。

通过对比说明重要性（安全性能）与实际的购买行为（买宝马），至少我们可以看出，形象是最重要的需求。我们称其为**决策影响力**（Decision Influence）。在此例中，形象的影响力，对于购买决定的影响远远大于最初有关形象的说明。

时间就是商机

运用决策影响力，我们可以开始对于矩阵纵轴更为精确的绘制。如果我们切实了解影响受访人群购物决定的要素，我们就可以把他们的购物经历，准确定位在消遣型、谨慎型、冲动型以及被迫型购物象限之内。

为了完成矩阵纵轴的绘制，从现在开始，你需要做的就是智慧的经济分析。例如，你必须鉴别出目标消费群体不同的接触点；消费者多样的选择条目也必须详细了解。最后，也是最重要的一点，必须客观地评定品牌的相对利润（毕竟，我们对于通用纵轴的定义，最终还在于“产品利润 / 接触点”）。以上因素，特别是相对利润，与普遍的原则两相抵触，因此必须在你自己产品的象限内、在直接的比照下，进行测算和绘制。在理想的国度里，你可以幻想建立一系列目标消费群体可能愿意花钱购买的所有的“物品”，并拿你的产品与该行业的前三甲进行比较。

但是，提请注意：**在开始制订真正切实可行的营销计划之前，你，一位掌握有大量数据与完整现实矩阵模型的聪明营销者，应当首先在你的机构内部探讨你的所有发现。**既然本书的全部理念都在于改变营销一直以来所追求的、想要实现的以及测量的方式，这种组织内部的探讨就显得尤为重要。我们鼓励所有的营销人员都大胆开始这一探讨的进程，找寻支持者以使自身的想法更加鲜活生动。“恰如苹果，我们也是消遣型的”与“根据我们的分析，73% 的购买决定建立在情绪化的基础上，并且形成于实际购买行为前的 3~6 周内。其中，54% 的情绪化决定由自我认知所催生，其他的 23% 则由同辈人的压力所导致，上述构成了我们所谓的消遣型购物”，大部分大公司会激发你在前者中获取更多。

量化发现的实践

如果你是本书的一位读者，并且受雇于一家拥有上百万美元市场调研预算经费的公司（比如固特异、苹果、宝马），或者受雇于一家拥有上百万消费者调研资源的公司（比如全食超市、沃尔玛），你就可以跳过这里，直接阅读第 8 章。但是，如果你供职的企业仅仅拥有少量员工，同时你公司的目标消费者也不是以百万而是以千甚至百计数，那么在这一章里，我们将提供一个真实案例，以此说明小型企业如何通过必要信息的采集，最终确定自身所处的购物象限。我们依然坚信，并且一如既往地希望，通过下列阐释，即使是蜗居一地的小型企业，也可以更好地了解其消费者构成基础，重新审视其营销策略，最终通过应用秒表营销策略为企业注入新生的活力。

2006年夏天，我们曾经帮助一位处于扩张阶段的曼哈顿红酒店（红酒店恰巧取名为“探索红酒店”）业主，证明了此设想的正确性。几乎类似于每一家小型企业主，该红酒店所有者的兴趣也不仅仅局限于增加收入与利润，而更在于确定他们所重金采纳的创新营销手段是否有效。这些手段包括设置于店铺内的信息化计算机平台、每日品尝、送货上门等（稍后还会详加讨论）。店主与主要经理人坦诚地表示，这样做的目的是希望为顾客创造全新的购物体验，但并不知道成效如何。“更好地了解其消费者的构成基础，重新审视其营销策略……”等，虽然是我们而非他们的用语，但是，探索红酒店的管理者却出人意料地认为，他们可以利用那些被认为是专属于财富1 000公司的营销工具，为自己的小企业谋取利益。

首先，向不熟悉纽约城的读者朋友们介绍一点背景知识：

> 纽约州法律规定，酒品不能在超市、药房以及任何——任何一家——连锁商店销售；同样，也不像在宾夕法尼亚或者弗吉尼亚，酒品是允许在州立商店内销售的。因此，纽约所有的红酒店和白酒店都是在非常狭小的范围内独立经营。但是，小范围内的竞争同样惨烈，因为没有诸如沃尔玛或者全食这样的大型超市，会从几英里外赶来大量收购红酒或白酒。

探索红酒店位于纽约一处叫做字母城（Alphabet City）的地方，毗邻东村（East Village）、苏豪区（Soho）以及下东区（Lower East Side）。纽约城的官方旅游网站这样描述该区域：

> 相对于时尚的街头生活，字母城向东的边缘地带依旧稍显粗鄙，但仍然有许多价格公道、有趣却充斥着犯罪的场所，可供吃喝购物。如果你真的到了那里，会看到许多非常酷的刺青店。

同时，因为字母城还与华尔街、纽约大学相邻，所以环绕探索红酒店周边的路人与居民，还包括了华尔街的金融巨鳄及其效仿者、纽约大学教授、嬉皮士与“垮掉的一代”流亡者，美术家与音乐家，以及该区内酒店、商店、刺青店的业主。我们在此罗列这些是为了说明非常重要的一点——探索红酒店的所有者，不能够采用传统或人口统计学的方式，制定其营销策略。对于探索红酒店来说，其所在地字母城以及其消费者组成并非司空见惯的蓝领阶级、高消费人群、艺术家、公司职员、观光客及少数民族等。纽约州其他地区的酒类店铺，都将目标市场定位于高消费人群，他们集中于华尔街，或者近郊的福特汽车公司周围。但是，探索红酒店的情况却有所不同。该红酒店的经营者必须为其当前以及今后的顾客找到一种有效理解购物行为的途径：目前的消费群体多居于哪个购物象限之内？他们的秒表能运转多久？他们何时将做出最终的购买决定？有什么机会可以利用上述知识，增加消费者的购物频率、购买数量以及对产品的信任度？

回答以上种种问题之前，这里首先就该商店的背景做一补充说明。首先，探索红酒店的需求与曼哈顿的其他酒类店铺不同；其次，该红酒店的顾客属于折中类型，他们既对倾销甩卖不感兴趣、又无意于普通的购物。因此，该红酒店的业主决定向其潜在买主们表明，他们也对大规模的普遍销售方式不感兴趣。探索红酒店的网站（www. discoverywines. com）上是这么写的：

欢迎走进探索红酒店

探索红酒店不像纽约其他类似的店铺，兜售普通的大众品牌酒类。我们的两位经理马特（Matt）与斯科特（Scott）亲自挑选店里的每一瓶酒，极其注重红酒的品质及价值。许多红酒来自并不广为人知的小型制造商处。在我们这里，好酒并不意味着高价——店里超过60%的红酒售价都低于20美元。你只需要告诉马特和斯科特，你想要寻找何种口感的酒。无论你希望发现一片全新的红酒世界，还是想要找到一些不同于老品牌的新酒类，我们都能够帮你找到最适合你的红酒。来吧，和我们一同探索红酒的世界。

探索红酒店营销策略的突出特点为：

- 出售一系列不为人知的新品牌酒；
- 拥有酒类知识丰富且热心的店员帮助消费者挑选红酒；
- 提供传统的店内品尝服务；
- 高科技与传统交流方式并重（网页、简报、鉴赏等）；
- 提供店内的公共网络检索平台，以便消费者能够更多地了解每一种红酒；
- 贯穿纽约州的送货上门服务。

总之，探索红酒店的决策者所感兴趣的问题在于，如何通过增加顾客数量、购物频率以及顾客进店后的消费额，来决定如何最好地增加销售额与利润额。此外，商店的经理人也非常关注他们关于计算机平台以及交流项目等增值营销策略的投资是否富有成效。如果从我们自身的角度出发，我们需要为该红酒店目前已有以及潜在的消费者确定影响力点——即确定时间段起作用的象限，以及如何使消费者进入利润率更高的象限；而在店主看来，我们则需要确定那些对于计算机平台、店员、送货服务以及免费品尝等的投资是否有所回报。如果有，需要进一步增加还是缩减此种投资。与我们的方式相联系的假设是，尽管探索红酒店的消费者购买能力相对折中，但这丝毫不会影响到他们对于红酒的品味以及他们的购酒方式（例如探索新酒类的愉悦），同时正是这一方式决定着探索红酒店相对于消费者的吸引力。

为了完成上述任务，我们与该红酒店的店主及店员一道，携手制订了一份供店内消费者作答的调查问卷。消费者需要在收银台完成一份一页纸的简单问卷。此外，我们需要店员将消费者的购物发票与问卷表一并交由我们的数据分析小组，他们将通过对问题答案的交叉分析结果，计算消费者的购物时间、购酒数量、购物花费等相关数据。

为了明确每一位购买者所处的购物象限，需要界定矩阵的横轴（秒表的辐射范围/转速）。我们采取直接询问的方式，“这种情况下，你什么时间首次决定买酒？”、“做出购买决定之前，你在本店花费了多长时间？”、“一旦决定买酒，你是什么时候想到本店的？”（参见图7—4，问题3、6、4）至于矩阵的纵轴（接触点/产品利润），我们需要用一个良好的指标，通过一两个问题就可反映出这个目标。毕竟，我们这里只是一个拥有一家店铺的红酒零售商，而不是一个拥有上百万市场调研预算的身价十亿美金的制造业大亨。

办公室专用

受访者姓名________
（1-5）

（在此装订）

至尊敬的顾客：

探索红酒店致力于为你提供世界一流的购物体验。为此，我们需要广泛了解你的购物感受。如果你愿意抽时间回答下述问题，我们将不胜感激。你的答案将完全保密，不会引起任何不必要的麻烦。

DISCOVERY WINES
www.discoverywines.com

如果你今天买酒的原因不止一个：
请在你主要购买原因的基础之上，回答下列问题。

1. 你的居住地/工作地邮编？

＿＿＿＿＿＿ ＿＿＿＿＿＿
居住地 工作地

2. 今天你买酒的最大原因是什么？请从下列选项中选取一项。

16- 1. [ ] 自己在家喝
2. [ ] 和重要的另一半在家喝
3. [ ] 带去酒水自备的饭店
4. [ ] 用于我举办的聚会/饭局
5. [ ] 用于我要参加的聚会/饭局
6. [ ] 给好朋友或者家人的礼物
7. [ ] 给同事/熟人的礼物
8. [ ] 其他原因 ____________

3. 据你的回忆，你是什么时间首次想到要为这个场合买酒的？

17- 1. [ ] 1小时前
2. [ ] 1~4小时前
3. [ ] 超过4小时前（今天之内）
4. [ ] 昨天
5. [ ] 2~3天前
6. [ ] 超过3天前

4. 当你决定买酒之后，你多久想到要来我们店里购买？

18- 1. [ ] 1小时前
2. [ ] 1~4小时前
3. [ ] 超过4小时前（今天之内）
4. [ ] 昨天
5. [ ] 2~3天前
6. [ ] 超过3天前

5. 你第一次从哪里听说的探索红酒店？

19- 1. [ ] 其他人嘴里
2. [ ] 文章或评论
3. [ ] 亲眼看到
4. [ ] 在《查格指南》(*Zagat's Guide*)、分类电话本等索引目录里查到的

6. 做出购买决定之前，你在我们店里花费了多长时间？（请尽可能写出精确的分数钟）

（20-21）____分钟

7. 你是不是在我们店员的帮助下，做出的购买决定？

22- 1. [ ] 是
2. [ ] 否

8. 你是否应用了我们的计算机平台？

23- 1. [ ] 是
2. [ ] 否

图7—4 鉴定你的象限：探索红酒店的秒表问卷

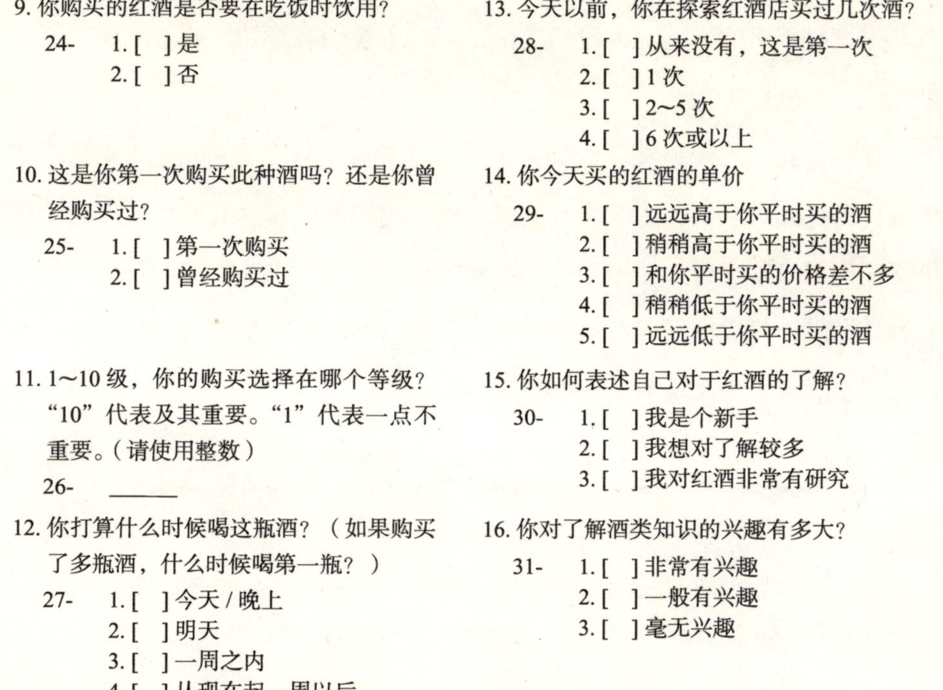

9. 你购买的红酒是否要在吃饭时饮用？
24- 1. [ ] 是
2. [ ] 否

10. 这是你第一次购买此种酒吗？还是你曾经购买过？
25- 1. [ ] 第一次购买
2. [ ] 曾经购买过

11. 1~10 级，你的购买选择在哪个等级？“10” 代表及其重要。“1” 代表一点不重要。（请使用整数）
26- ______

12. 你打算什么时候喝这瓶酒？（如果购买了多瓶酒，什么时候喝第一瓶？）
27- 1. [ ] 今天 / 晚上
2. [ ] 明天
3. [ ] 一周之内
4. [ ] 从现在起一周以后

13. 今天以前，你在探索红酒店买过几次酒？
28- 1. [ ] 从来没有，这是第一次
2. [ ] 1 次
3. [ ] 2~5 次
4. [ ] 6 次或以上

14. 你今天买的红酒的单价
29- 1. [ ] 远远高于你平时买的酒
2. [ ] 稍稍高于你平时买的酒
3. [ ] 和你平时买的价格差不多
4. [ ] 稍稍低于你平时买的酒
5. [ ] 远远低于你平时买的酒

15. 你如何表述自己对于红酒的了解？
30- 1. [ ] 我是个新手
2. [ ] 我想对了解较多
3. [ ] 我对红酒非常有研究

16. 你对了解酒类知识的兴趣有多大？
31- 1. [ ] 非常有兴趣
2. [ ] 一般有兴趣
3. [ ] 毫无兴趣

图 7—4 鉴定你的象限：探索红酒店的秒表问卷（续）

我们的受访者总人数为 221，这一基数足以使我们从中得出一些有效的参考信息。有趣的是，221 名受访者中，仅有 115 人完成了问卷的所有内容并附带了购物发票。红酒店的店员声称，他们总是“过于忙碌”，以至于忘记了装订发票。这其实暴露了一个非常重要的问题：小型企业并不像拥有大量预算的公司一样十分重视研究工作。通常情况下，我们认为，这正是导致小型企业尝试数据收集等工作失败的原因。同时，也正因为如此，虽然小型企业同样花费了时间与精力收集信息，但是它们在制定以信息为基础的商业

决策方面，总是与其强大的竞争对手存在一定差距。[①]

探索红酒店的案例，为我们提供了大量重要而有趣的结果。下面我们将对此做一定分析。

首先，我们发现该红酒店拥有忠诚的消费者群体，大约 2/3 的受访者都表示自己在此的购物行为至少有 6 次。这一忠诚的根基主要归因于该店铺的位置——它坐落于行人往来穿梭的地段，这一点至关重要。我们机构中的研究人员指出，仅凭这一点并不能说明该红酒店实际的消费者忠诚度，而仅能说明这些消费者是反复消费行为的实施者。

时间就是商机

作为实用主义营销者，我们必须注意到"忠诚"与"反复"之间的不同，而这些不同点也正是拥有大笔预算的公司所致力于研究的方向。但是，对于独立的零售商店而言，这些不同就显得没有那么重要了。

在第一组调研结果中，我们发现，第一次进入探索红酒店的多数购物者并不处于谨慎型购物象限之内（80% 的购物者都是因为在路上看到了该店铺所以就进来了；如图 7—5 所示）。然而，我们需要更多问题的答案，才可以确定其余三个象限中，哪一个能够最好地描述该商店的典型交易过程，以及购物者进入店铺之后，其购物行为是否发生了变化。

① 此处我们的意思是，对于数据收集方面的着力越多，数据的质量就越高。尤其当企业以严肃、通力合作的形式，做出一份尽可能全面地代表消费者消费情况的调查时，其中所呈现出的数据则拥有相当的可信度。比如，这些数据反映出商家如何平衡平时与周末的消费者人数，如何留住它们的消费者、特别是其"最佳"消费者。——作者注

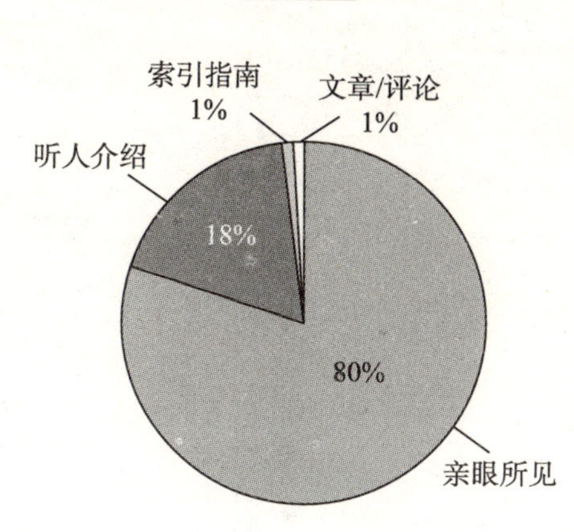

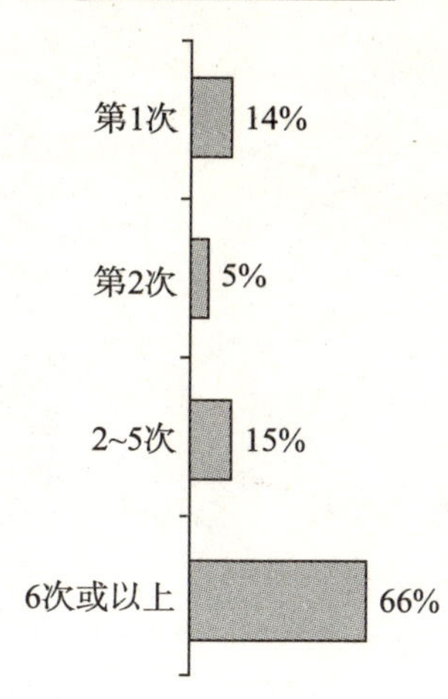

图 7—5　先前在探索红酒店的购酒经历

统观全局，我们不可能期望购物者的秒表长时间运转——最多保持 1~2 天：几乎所有的受访者都希望买了酒的当天就喝掉，仅有 20% 的人决定提前 1 天或更长时间买好需要用的酒。大部分受访者买酒在家里喝、一个人喝，或者和重要的另一伴一起喝（参见图 7—6、图 7—7 和图 7—8）。

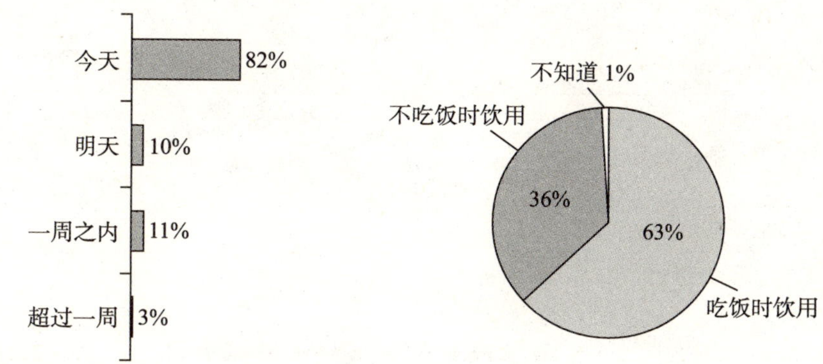

图 7—6　消费原因

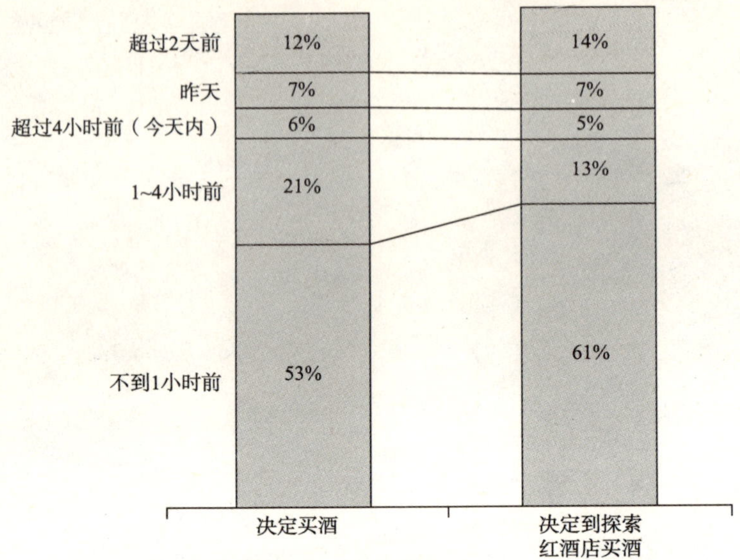

注意：由于四舍五入，总和可能不为100%
基数：受访总人数（221）

图 7—7　做出购买决定的用时

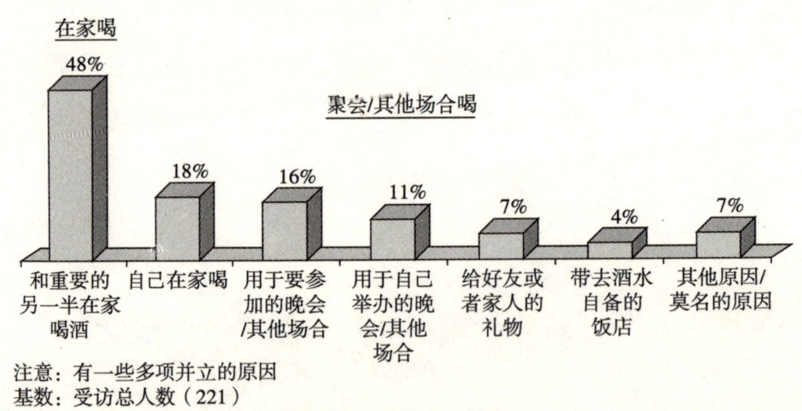

注意：有一些多项并立的原因
基数：受访总人数（221）

图 7—8　购买原因

图 7—6、图 7—7 及图 7—8 所示的数据清楚地表明，探索红酒店绝大多数消费者的秒表转速极快——他们通常在要用酒的当天或者那一小时之内做出购买决定。同时，他们希望当天晚上就把酒喝掉，通常是在家里喝。简

而言之，这些答案排除掉了一个象限：该红酒店绝大部分消费者不属于消遣型消费者。他们买酒并不以消遣为目的，具体可参见本书的第 10 章。

追加另外一个问题，将建立起探索红酒店剩下两条购物象限的相对重要性：冲动型购物与被迫型购物。当一个消费者在该红酒店购物的时候，他的秒表转速究竟有多快？非常快。受访者做出购买决定的平均用时为 9 分钟。大概半数的受访者的用时甚至不超过 5 分，另有 22% 的受访者用时超过 10 分钟。该红酒店及其店员仅有不到 10 分钟的时间，在满足消费者需求的同时将其转变为自己忠诚的顾客（如图 7—9 所示）。

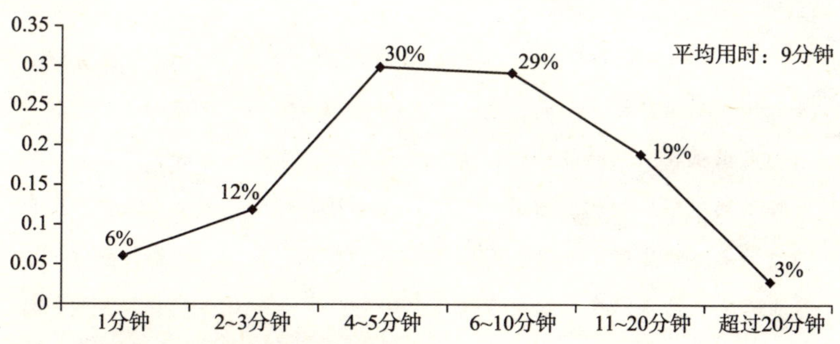

图 7—9　选酒花费时间

面对如此快速的秒表，探索红酒店的经理需要明确鉴别接触点的性质及其所处（时间）区域，以此来完成两项看似相互抵触的任务：

- 快速进出：对于那些不可能慢下来的消费者（他们受到店员推荐的影响、为计算机平台所吸引、签字参加新闻调查等），红酒店必须能够帮助他们在极短的时间内找到符合他们要求的商品，让他们可以快速完成购物，然后继续一天的生活。

- 外延服务：对于那些容易受到店内活动影响的消费者，红酒店需要多做一些可以抓住顾客时间段并延长其秒表运转时间的努力，比如建立更多的网络平台、安排知识丰富且训练有素的店员推荐酒品、商业促销与免费品尝等，都可以尝试。

也就是说，探索红酒店的经理以及决策者所应当做的，就是必须使消费者在店内拥有既快捷又愉悦的购物体验。我们认为这二者并不矛盾。

一些书店几十年来一直都是这么做的：如果你想找史蒂芬·金（Stephen King）或者约翰·勒·卡雷（John Le Carré）的最新著作，这些书一定摆放在书架的最前排，使你从人行道、停车场或者商店门口便可一目了然地望到它们。你可以在不到五分钟的时间内走进书店、拿起热门畅销书、快速浏览一遍。而如果你想要翻阅、购买、放松，或者三者兼而有之，你可以在书店里逗留几个小时，在咖啡店待一会儿，向一些本地作家索要他们的亲笔签名，把孩子们放在儿童图书区、自己到音乐专区听听音乐，等等。

位于圣莫尼卡（Santa Monica）第三大街步行区的巴诺书店，其靠近杂志区的长椅上，每天早上总是聚满了读者，他们俨然已经把这里当成了一个公共图书馆，一边喝着隔壁星巴克的咖啡，一边愉快地阅读。如果你在巴诺待久了，总免不了会办理这家连锁书店的积分卡，以及相关的Visa卡或者万事达卡。

我们此前所讨论过的全食超市，也有类似的营销手段：每家全食超市的进门处，总是摆放有大量新鲜的食品，诱惑购买者进入超市、在不同食品分区的货架前逗留。同时，进门处也总会摆放有饮料等常用商品方便消费者购买。如果你只是要买果汁冷饮，你便可以快速地进出超市。

在最终建立这一购物矩阵之前，我们还想与你分享一些额外的发现。

- 买酒相对来说比较重要。在矩阵纵轴反映出的商品重要性/危险性程度中，在 10 等级中酒类的平均等级为 6.2（参见调查问卷问题 11）。
- 平均的交易额为 24.30 美元，每瓶酒的平均价格为 14.30 美元，因此平均每人的交易量为 1.7 瓶。2/3 的受访者认为，这就是他们在每瓶酒上的“通常花费”。
- 60% 的受访者表示，他们“非常有兴趣”了解酒类的相关知识。

现在，让我们一起来建立起这一矩阵。回想一下我们在第 2 章中所引入的购物矩阵，根据该矩阵的显示，酒类交易可以在任何一个象限中进行（如图 7—10 所示）。

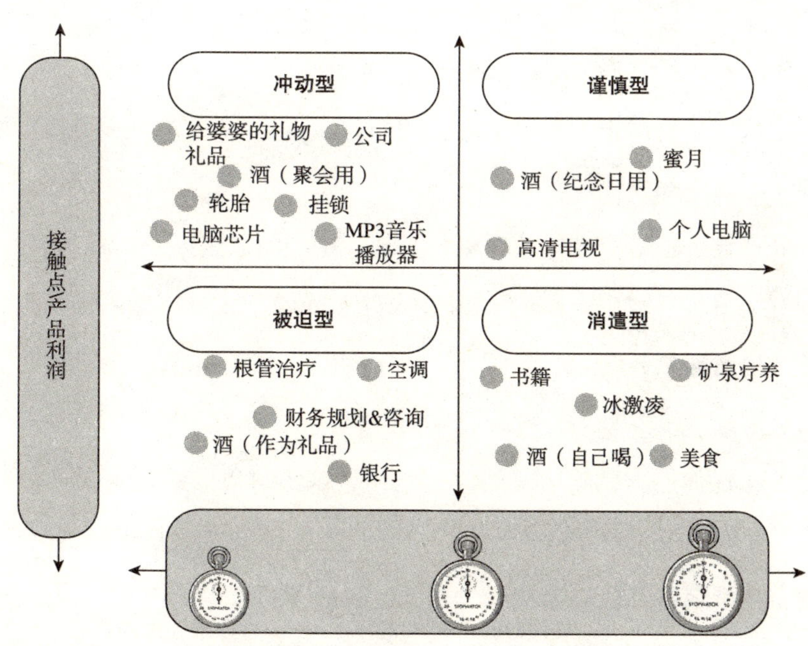

图 7—10　购物矩阵：产品服务示例

这里，我们的挑战在于如何挖掘横纵两轴的实际操作意义，以及应用上述问题的答案建立象限。在此基础之上，我们才能够利用象限分析的方式，进一步发展更具重点性的营销建议。我们将探索红酒店的象限建立如下：

- 横轴上时间投资的相关术语：
  - A. “更多时间”：大于 1 小时前就决定买酒，花费至少 6 分钟时间决定买什么酒。
  - B. “更少时间”：在过去 1 小时内决定买酒，花费不超过 5 分钟时间决定买什么酒。
- 纵轴上重要性 / 风险性的相关术语：
  - A. “更重要 / 更具风险”：10 等级中，其酒类选择的重要性位于 7 级或以上。
  - B. “更重要 / 少具风险”：10 等级中，其酒类选择的重要性位于 6 级或以下。

探索红酒店最终形成的矩阵如图 7—11 所示。

由此象限分析而出的营销策略，我们将在第 10 章做进一步分析。这里，仅按顺序给出一部分观点。

此处最显著也最令人印象深刻的发现，是前面已经提及的秒表的高速运转。现有消费者总数中，高达 82% 的人处于冲动型或被迫型购物象限之内，其中被迫型占据总数的 60%。因此，对于探索红酒店而言，毫无疑问，其营销行为必须是“无害的”——“营销术语”要能够保护其自身的特许经营权。这意味着，任何追求购物“愉悦”的尝试，都不可以影响商店对于“快捷”的追求。冲动型及被迫型消费者，在每瓶酒上的平均花费为 13~15 美元。因此，制定营销策略时，应当将标价在此区间的酒类放于店内的显著位置，以便这两类购物者能够一眼看到它们并快速购买离开。这里，我们建议探索红酒店更多地学习书店（将畅销书放在最显眼的地方）而不是超市（分类的货架迫使消费者必须穿过一条条过道才能拿到牛奶、手纸、面包等日常消费品）的模式。

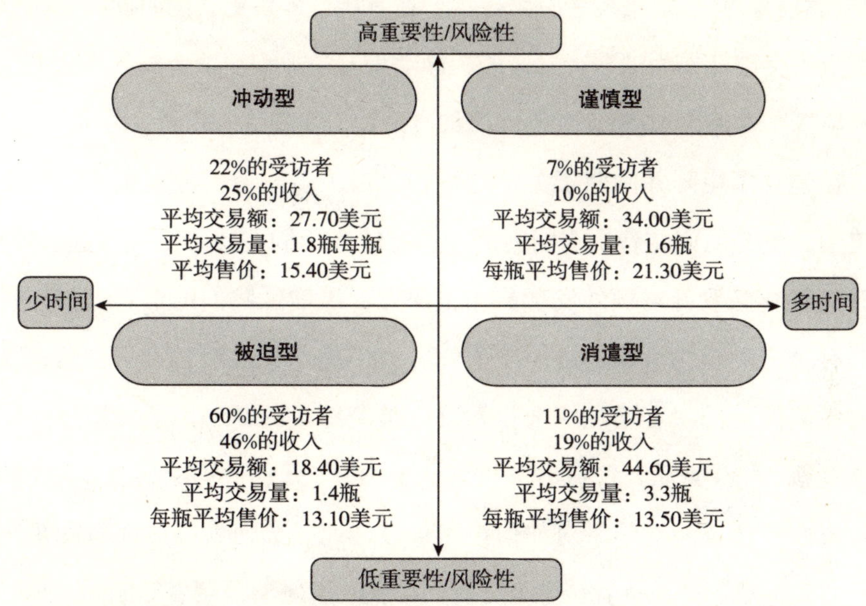

注意：矩阵象限内的某些数据仅仅由极少数受访者数据得出。这些数据在本质上只能算作一种定性考察

基数：附带发票、问卷填写完整的受访者总人数（113）

图 7—11　探索红酒店购物矩阵

书店的经营模式，不仅为我们提供了一系列确保快速交易的方法，同时也为我们提供了体验愉悦购物的方法（随意翻阅、卡布奇诺、网络平台、与店员聊天等）。第二个从象限分析中得到的关键性发现对商店至关重要：消遣型消费者一次的购酒量为被迫型消费者的 2.5 倍，同时前者所花费的购物时间也是后者的 2.5 倍。**在不影响“快捷”的前提下，每一次营销努力，都应当使消遣型消费者感到满意，同时更为重要的是，将被迫型消费者转变为**

消遣型消费者。

如同康美银行拥有供个人操作的零钱兑换机以及供小孩玩耍的区域、巴诺与鲍德斯（Borders）拥有咖啡屋一样，探索红酒店也应当考虑一下自己的“浏览驱动程序”：给消费者一个理由，在其店铺停留更长的时间，同时这种停留也不会破坏作为消费者主体的、冲动型与被迫型消费者对于“快捷”的时间要求。本书第 10 章，我们将详细讨论如何实现这一构想。

在建立了矩阵并阐明了关键性发现之后（多数消费者属于冲动型或者被迫型，但当他们花费更多时间时，也意味着他们花费了更多金钱）现在，让我们重新翻看针对额外发现的相关研究，以增强我们的信心，指导我们开展有关市场营销策略的进一步研究。为了找到关键接触点的位置，我们需要找到促使消费者增加资金投入及酒类交易量的驱动因子。回想一下平均交易额 24.30 美元、每瓶酒平均售价 14.30 美元、平均交易量 1.7 瓶的情况。我们的调查问卷结果对如何拨慢秒表转速、如何发挥时间段的影响效力、如何将被迫型消费者转变为更有利可获的消遣型消费者等问题，做了量化分析。这些额外的数据结果如表 7—1 所示。

表 7—1　　探索红酒店的营销接触点估价

购物类型	平均交易额（美元）
抽样总数	24.30
店内用时不超过 5 分钟	20.40
店内用时 6~10 分钟	**26.30**
店内用时至少 11 分钟	**37.70**
1 小时内做出购买决定	20.50
1 小时之前做出购买决定	**29.60**
无店员帮助	21.50
有店员帮助	**27.50**
不使用网络平台	23.40

续前表

购物类型	平均交易额（美元）
使用网络平台	**25.90**
平时买酒	22.30
周末买酒	**32.10**

注意：多于平均水平的交易额用黑体标出

基数：附带发票的全部受访者（115）

时间的重要性在这里不言自喻：秒表涵盖的维度越大，则转速越慢，所获收益也越多。试图拨慢秒表的策略（如训练有素且高效的店员引导消费者、免费品尝、网络平台等有趣活动），以及任何将消费者从冲动型与被迫型购物象限转移至消遣型购物象限的举措，都无疑会增加商店的收入。

通过追踪一组额外的分析数据，我们可以量化花费在探索红酒店的时间的重要性。我们非常关注如何鉴别计划的时间花费对于店内实际消费额的影响。为了完成上述任务，我们做了一个逻辑回归分析（对于讨厌统计学与回归模型的读者，你可以直接跳入下一章的阅读。我们发现，如果购酒是为了明天喝，那么存在 73% 的可能性，消费者在买酒上的花费相对较多——超出 18 美元）；同样，如果买酒的重要性（危险性）很高，或者如果这是他们第一次购买某种酒类，那么消费者也有可能花费较多的金钱。自称为“懂行”的购酒者以及“长期”买酒的人，他们所愿意花费的钱则相对较少。**心血来潮的购买者，更愿意花高价买酒。**

因此，探索红酒店的目标消费者（如果目标是增加资金消费），他们的购买决定建立在短时、但非瞬时的时间表上（明天喝，而不是今晚就喝）。这一目标消费群体对红酒没有丰富的认识，也认识不到搞砸明天宴会的危险程度，因此，他们会尝试新品牌的红酒。即我们关键性的目标消费群位于矩阵的西北象限内（冲动型购物象限）：高重要性/风险性，快速/测量范围小的秒表。

这里，暗示该红酒店应当采取以下两种营销策略中的一种。**第一种策略，**直接作用于冲动型购物象限行为模式：鼓励目标消费者，为最近可能举行的聚会提前“储备”酒水。

> “今天提前买下一瓶特别的酒，因为你知道，在未来的某个场合，你会把它当做馈赠的礼物。”

时间就是商机

当意识到冲动型消费者在匆忙赶路的瞬间，希望购物时间缩短甚至停止秒表的工作时，营销者就应当在未消费前提前延长秒表的运作时间。这种匆忙所导致的结果是，每次买的更多、支出也更多。

第二种策略，就是假设存在更困难、但利润率更可观的方式，能够鼓励和促使消费者将其购物模式由冲动型转向消遣型，同时使其在探索红酒店的购物经历成为购物的终点。

最后，我们需要重申探索红酒店营销策略的建立根基：以上所有均来自于我们的问卷调查。但是，这些问卷却呈现给我们大量而丰富的数据信息。因此，每当那些预算很少的客户宣称他们无法实施市场调研的时候，我们往往感到无比惊讶。

第8章 STOPWATCH MARKETING

分析连续购物时段，整合营销

- 营销应当围绕消费者行为、而非消费者本人展开。
- 即使最小型的网上交易活动，也可以应用网络分析的方式，完成购物象限内的时间段分析。
- 一份设计合理的时间段分析能够为你提供一幅营销地图，从中你可以越过时间，准确定位网上购物者的动态接触点。

对探索红酒店传统模式的批评，主要是认为运用问卷调查的方式度量与时间相关的消费者行为，这一方法存在很大的困难，缺少必要的武器装备，常常使人联想到在屋子里束手就擒的罪犯。市场调研的技巧尽管非常有力，但也仅仅为我们提供了对于消费者行为的一种评估。此外，市场调研也并没有太多的伸缩性；交易的规模越大，店员就需要更多的时间收集问卷。但是，互联网的出现为我们提供了以分钟为单位测算消费者行为的可能性。**因为秒表营销旨在教你掌控时间、把握销售时机，那么这一营销策略在分秒内测算消费者行为的能力，也必然为你提供强有力的竞争优势。**

对于大部分的商业历史而言，你看到的都是对于诸如年龄以及收入等行为代名词的测量，而非针对行为本身。经历了最初明显的非科学性开始，之后这一领域就日趋成熟，全球的顶级数学家们开始运用神秘的贝叶斯统计（Bayesian statistics）、马尔可夫链（Markov chains）以及对角多项式赢利模型（diagonal multinomial profit models），来预测哪种家庭会买哪种品牌的燕麦片。《时尚芭莎》首位发行人所应用的数据库，就来自于寄给编辑的信件。

上述所有现代人口统计学的测算工具（以及价值 2 550 亿美金的广告业），建立在群体认同即行为认同的基础之上。比如，了解了一个人的收入、年龄、地址、教育背景，即可预测出此人所钟爱的车子类型。但是，这一观点并没有想象中的那样有效。

> 一份 1998 年米迪马克调研公司（Mediamark Research Inc.）针对杂志订阅者的调研报告显示，单纯人口统计学上的数字差异，仅能解释不到两个百分点的消费者行为差异。如果你正试图直面强大的竞争对手、生产新品牌的洗衣粉，那么你在任何时间赢取新消费者的机会，都更取决于你的目标消费者是否想要清洗一件染有果汁印渍的 T 恤，而不在于这一消费者是否有三个孩子，或者是否上过大学。对于一种行为的最好的标注，莫过于另一种行为。

我们需要采取明智之举——营销应当围绕消费者行为、而非消费者本人展开。这一策略，只有当消费者在互联网上留下了他们相关购物行为的痕迹时，才可能发挥效用。这一由时间标注的痕迹，不仅使秒表营销策略的实施成为可能，同时也使其成为竞争中的一种迫切需要。

| 运用行为定向工具追踪购物行为 |

第一个有记载的此类软件是 1994 年推出的“间谍软件（spyware）”，但直到 2000 年，间谍软件业的鼻祖金光公司（Aureate Company），才开始真正在某些公共计算机上安装该软件，以获取上网者所浏览的其他网站名称。这一行业的目的在于出售相关信息给广告商，而广告商自然是乐意购买这些信息的。如果一个人的网页地址显示，他曾经浏览过与冰箱有关的网页，那么他很有可能对阿玛纳（Amana）网站感兴趣。事实也正是如此。金光公司（随后更名为激光［Radiate］）、网路广告（Conducent）以及最具影响力的加托儿（Gator）公司[①]，均成功地在计算机上安装了它们的间谍软件包。截至2004年，美国国家网络安全联盟（National Cyber Security Alliance）的统计数据表明，75%的美国私人计算机中都安装有此种间谍软件，即每台计算机上至少90%的程序附带有此种软件。像丰田这样的公司，能够通过事先设定好的路径引导消费者直接进入其官网，比如通过谷歌多功能厢式跑车（SUV）信息的搜索链接，或者通过银行网页上贷款利率比较。

从前，它们可以做到；现在，却再也不能了。

使用被营销者称为行为定向（或文本关联广告）的计算机程序，其黄金时刻稍纵即逝。**行动会产生对等和相反的两种反应，对成功行为定向的反应正是我们的目标所在。**技术（选择排除［Opt Out］、恶意广告软件［AdWare］、恶意软件专杀［Spybot］等程序软件，以及由诺顿与赛门铁克推出的多功能计算机安全程序反间谍软件）与法律权限，都是我们要考虑的。所以最终的结果是，最初的服务供应商失去了他们的吸引力。尽管微软考虑拦截加托儿的恶意软件，研发出加托儿间谍软件包跟踪程序，但囿于两公司关系的压力，也只能最终放弃该跟踪系统的使用。另外，尽管第三方软件供应商一直在降低利润率，但其行为却一直受到门户网站的监视。

如果新的商业观点能够像发明创造一样，受到应有的法律保护，那么比尔·格罗斯（Bill Gross）现在一定正在逼近爱迪生1 093项美国专利的记

① 1998年成立于红木城（Redwood City），加托儿是互联网衰退浪潮中颇具争议的幸存者。谷歌戏称其为“变脸软件”（scumware），渗透进共计35 000多个网页。

录[①]。1996年，格罗斯建立了创业园（business incubator）概念实验室，成功孕育出了包括易图（eToys）、车票网（Tickets.com）、零网公司（NetZero）、城市搜索（CitySearch）以及宠物网（Pets.com）在内的一大批电子商务公司（爱迪生也不是只发明了灯泡）。1998年，格罗斯进入其事业巅峰期，创建跳转网（GoTo.com），该网站不仅可以根据关键字句搜索网页，并且将其搜索结果拍卖给最高价竞买人。跳转从来都不是一个成功的搜索引擎，但其广告竞拍软件却成为了一块金矿——源源不断地将搜索结果卖给美国在线（America Online）、微软，特别是雅虎等网站。2003年，雅虎以14亿美元收购跳转，更名为翻转（Overturn）。

跳转/翻转如此吸引微软[②]及雅虎等大型公司的原因之一在于，这些公司本身既是电子商务网站，又是搜索引擎，因此可以从头到尾全程搜索其交易业务。雅虎如今与AC尼尔森（ACNielsen）合作提供一项服务，能够对购物过程的任一阶段进行精细而复杂的分离测试（spilt testing）。对于该技术的充分利用，将使购物网站同邮购目录一样，用户稍稍花上两分钟时间等待，网站即会重新编码，显示出浏览者最想购买的商品条目信息。

行为定向工具可用于测量从购买记录到商业信誉的任一活动，同时所有的此类工具均承诺测量时间，包括浏览任一网页的用时、从购物到购买的用时、甚至从将各项商品放在网上购物车中到完成订单的用时。

---

① 美国人并不认为爱迪生依然是专利权记录的保持者。唐纳德·韦德（Donald Weder）超越了他，韦德是伊利诺伊州高地公园的一名专业花匠，其1 300项专利都与令人激动的全新花艺有关。——作者注

② MSN.com曾经是跳转的最大客户。——作者注

时间就是商机

对于任何商业需求而言，将行为定向与秒表营销策略相结合而得出的营销计划，都无疑前景巨大。其中的商业价值，不取决于承诺，而来自于现实。幸运的是，以网络为平台的行为定向工具不仅切实可用，而且可以应用于任何规模的商业活动。

应用于大中型商业规模的行为定向工具本身，自然也规模巨大。SurfAid，曾经属于IBM公司，现在隶属于CoreMetrics，承诺发现购物瓶颈（shopping bottlenecks），通过计算行为发生时间来对消费者分类，甚至在整段购物周期内提供消费者评估。Omniture[①]的SiteCatalyst及DateWarehouse软件用于绘制（应用其研发的ClickMap软件）用户流量、网站浏览时长、进入和退出网页，同时通过监控用户是点击了“立即购买”还是“退出”网页，重点关注其做出购买或不购买决定的关键购物点。

应用上述服务的费用同样也是巨大的：CoreMetrics产品的收费标准为每月25 000美元；SiteCatalyst独立软件包的单价超过15 000美元，或者每月交付1 000美金的托管服务费。

Keynote Research Manager、WebSideStory的HBX软件、WebFocus以及Fireclick均提供进出网页身份识别、游客分区等功能。大多数此类软件会为任一在线营销公司计算其投资收益率（尽管可以肯定，在对于整个商业活动的利润率分析方面，投资收益率的价值远远大于任何形式的营销努力；但实际上，要计算它却是相当困难的。首先，计算商业活动的真实花费是困难的——如何衡量一个持续了20年的品牌形象？其次，计算一个独立商业活

① 著名的网页流量分析工具。——译者注

动的收益也是困难的）。比如，夏尔巴出版集团（Sherpa Marketing）的年度出版物《网络购物分析指南》（*Web Analytics Buyer's Guide*），就会针对市场的每一次营销活动做出相关评估，甚至应用营销活动中大约500名知名消费者进行交叉报表分析。

应用网络分析软件建立时间段分析

网上行为能够而且应当不仅仅通过在线时间来测量。典型的测量手段包括对于特别报价、备份以及付款形式的分离测试。

时间就是商机

正如秒表原则不可能适用于整个营销市场一样，网络分析也不可能适用于所有浏览者行为的研究。但是，即使最小型的网上交易活动，也可以通过网络分析的方式，测算购物时间，完成冲动型、消遣型、被迫型以及谨慎型购物象限内的时间段分析。

VisiStat、WebTrends等公司所提供的经济型软件包成品，每月仅需花费15美元，一个独立的软件包也不过只需几百美元。最好的是，最大的门户网站及其搜索引擎，现在也提供免费的网络分析。没错，这不是印刷错误，的确是免费服务。

2002年，即跳转被收购的前一年，雅虎曾经拥有另外一个打入行为定向网络广告世界的计划——它出价近30亿美元，试图收购技术领先于全球的搜索引擎谷歌。比搜索引擎本身更具价值的，是谷歌基于网络广告系统的关键词自动竞价系统。通过测算浏览者浏览广告的次数定位其吸引力，同时结合广告商的竞拍价位，谷歌的关键词自动竞价系统保证了每个广告所在的最佳位置，这一点至关重要。与雅虎翻转不同，谷歌的关键词自动竞价系统，同时从广告售卖本身和急于获知关键词效益的广告商处获取利润。

2006 年，谷歌应用同样的策略收购行为定向网络分析软件制造公司 Urchin，但他们仍提供免费的网络分析。这一分析包括消费者对赞助商网站的月浏览量与购物时长以及对交易规模与类型的交叉报表分析。谷歌持续更新其聚合数据（这对于其自身最大程度上建立通用数据也是有意义的，同时也是对免费广告邮件的一种成功颠覆），由此小企业主能够从中了解到其在冲动型购物象限内所赚到的钱。这一结果无疑具有革命性的意义：在我们写作此书之时，谷歌已经占有接近 3/4 的搜索广告市场，目前为其带来年收益额为 150 亿美元的收益，而这一数据或许还将以每年 50% 的速率攀升。

然而，这仅仅是一个开始。正如我们所说的，谷歌将其报告体性质的网络分析与广告销售目标相结合。谷歌的关键词自动竞价系统类似于以网络为基础的时间段分析。以下是其运作流程：

> 一个潜在的商家（如果有能力链接大量的在线零售网站，每个人都能从线上交易中获益），可以通过谷歌的检索功能输入任意关键字句，得到经由广告商挑选的网址链接（赞助商链接）。你希望你的网页链接线索同其他人一致吗？这不成问题，因为谷歌会将最好的广告位置竞拍给赞助商中出价最高的那一位。你不想草率购买？同样不成问题，因为只有当点击发生时才会收费。

但是，网络分析对于秒表营销策略的辅助能力，还在于企业自身的网络呈现，即使所呈现的网页并不是交易的最终实现地点。这是因为，赞助商链接与网络分析相结合的方式意味着，任何企业均可实时接收分析报告，精确呈现购买决定形成前其消费者所花费的天数、小时数甚至是分钟数。软件可以通过消费者所花费的时间与资金量，对其进行交叉报表分析；甚至还可在短时间内，定位其所在地。**从理论上讲，即使一个小型网站，我们也可从中获取大量信息。**

这恐怕有点福祸参半的意味。

《纽约客》专栏作家、畅销书作者马尔科夫·格拉德威尔（Malcolm Gladwell），曾将政策分析师格雷戈里·特雷弗顿（Gregory Treverton）有关“难解之谜”与“未知之谜”区别的论述，通俗地解释为：前者只要找到足够信息，就存在唯一答案；后者则因为信息量过大，从根本上始终悬而未决。**将网络数据由未知之谜转变为难解之谜（应用网络分析软件建立时间段分析）的关键在于：**

- 描述消费者路径；
- 排除路径上的岔口、错误弯道以及死胡同；
- 测算走过路径用时。

如果把每位网页浏览者的每一次按键看做一个脚印，然后收集此路径上可追踪的上千甚至上百万个脚印（更重要的是聚集、研究），就需要这些脚印本身出处清晰、适当的观察角度。最为关键的一点是，产生这些脚印的每一寸土地都需要相互区别。**为了准备这块土地以供收集与保存脚印之用，你浏览过的网站的每一页都需要建立索引、添加编号**[①]**。**

① 方案不能落后于需求。谷歌的说法——其自身的“企业搜索方案”是“迷你谷歌”（Google Mini）。其他网络供应商也提供类似的服务，通常免费在一个商业网站上罗列所有相关网页。——作者注

但是，即便了解了上述上百万个脚印的准确位置，你也只是走了一半的路。**使这些脚印产生意义的方式是建构报告，这里同样拥有丰富的原始资料**。也许名目不同，但每一个网络分析包都会包含：

- 沿一条路径行走的访客数量——谷歌称其为“限定的狭窄航道”（Defined Funnel Navigation）；
- 最受欢迎的路径——“逆向目标路径”（Reverse Goal Path）；
- 完成与未完成交易的访客进出百分比——“进入-与-退出比率”（Entrance-and-Exit Ratio）；
- 访客进入某一区域的次数——“网页浏览量”（Page Views）。

然而实际上，上述所有测量都可以在另一轴向上进行定位，即时间轴（谷歌的报告采用了耳目一新的简短名称“平均用时”）。数种行为均可追溯到时间的花费这一问题之上，包括打开每张网页的秒数（或分钟数）、浏览的时间、甚至于不同关键词选择与在线购物时间之间的关联度。

通过绘制退出率、网页浏览量、独立访客、平均用时以及其他数据的统计图，站内搜索的品质在高度对比中显现无疑。**如果一笔交易的平均用时短、独立访客多，那么几乎可以肯定这一交易存在于冲动型购物象限内；而独立访客少，则意味着购物类型为被迫型。**

没有任何一项简单的法则可以替代判断力。大量的网页浏览量加上低比例的独立访客量，暗示出谨慎型购物类型，但同时也有可能是网页设计上的缺陷，迫使访客浪费掉了大量时间。同理，在线时长的减少暗示出兴趣的减弱，而同时也可能是单纯因为网络连接提速；2004 年第 3 季度，用户的平均在线购物时间较之前一年下降10个百分点，而购物量却提升一倍。所以很明显，浏览时间的减少是宽带连接增多的直接结果。

不同的营销者会以不同的方式使用这一信息。正如之前我们所看到的，有时从冲动型消费者身上获取更多利润的最佳策略，就是使用一些消遣型购物象限中的营销方法（参见全食超市的案例）；有时，最成功的策略在于设计这样一种产品，在谨慎型消费者愿意购买的时候，用其外观兜售其自身（参见固特异的案例）。通过缩减购物时间，上述两家公司无疑都提高了自身业绩；通过自动弥补网上购物的缺陷，企业可以加倍提升消费者数量，**这就好比超市的打包服务，其实是一个被高度忽略的接触点**。地区性企业高度关注消费者登陆后的动态——这一信息被谷歌和其他商家称做“几何定位”报告。高管与产品经理需要处理不同种类的报告。

当然，不同的商业类型会以不同的方式应用网络分析。

尼奥（Neopets），是处于消遣型购物象限内的网上儿童社区，自2005年6月起，连同尼克罗顿国际儿童频道（Nickelodeon）一起从美国维亚康姆集团（Viacom）分离出来。尼奥的商业运作模式中既包含传统的广播形式，又融入了赚取广告费及其他订制费的现代有线电视网络，形成并不完全一致的两极：一方面吸引了大量免费使用的用户；另一方面又不断劝说他们加入有偿服务的付费项目。[①] 将全球3 000万网络宠物玩家，最大程度转变为游戏产品的购买者，是该网站商业成功的关键。而伴随每月上百万的网页浏览量，我们可以得到众多数据直击目标消费群体。因为所有访客都必须使用尼奥姓名登陆，所以他们也就留下了上线时间、游戏区域以及签署昂贵服务协议的路由地址等相关记录。玩家

① 付费用户能够参与更多、更有趣的活动，但前提是玩家需要创建一个独立身份，参与网上游戏“友好小孩–平静家长”。——作者注

在尼奥网的登录时间越长，他们需要的消遣服务就越多，则消遣型象限也就越发有利可获。

传统上居于冲动型购物象限内的行业，比如拥有 Carl's Jr.、Hardee's 以及 Green Burrito 等大众品牌的 CKE 快餐连锁店，它们应用网络分析的方式，测算其成功带给消费者消遣型购物体验的时间。它们提供电影预告片、音乐录影带，其中最著名的一个短片是全身湿透的帕里斯·希尔顿一边洗车一边吃着 Carl's Jr. 的汉堡。测算浏览者从看到希尔顿女士到关注 Carl's Jr. 店址并查询网页的时间与路由地址，是应用秒表营销策略测试营销方案可行性的一种方法。

美国最大的独立轮胎商 Discount 轮胎（Discount Tire），甚至能够测算出访客找到零售商地址前在其网站上浏览的分钟数或秒数，从中获悉顾客在进入其网站到进入他们的具体店址中查询网页这一时间段内的冲动程度。

雷麦克斯（RE/MAX）是谨慎型购物象限内的大鳄，该公司是房地产特许经营商，拥有超过 6 000 家房屋中介所，每家中介所的售房量为 114 000。它们测算访客由首次在线搜索到最终面对一家实体房屋中介所花费的时间。戴克斯（Decker's）是一家拥有 Teva 与 UGG 品牌的户外鞋类生产商与进口商，该公司应用谷歌的网络分析软件对其消费者进行分类，以确保每一时间分区都可实现公司的利润率目标——用 1 美元的单元广告投入赢得 5 美元的销售额。

应用上述分析系统[①]，你可以清楚地看到，那些在购买前一周即开始搜索产品信息的消费者为企业制造了多少美元的收益；那些仅花费 10 分钟进

① 为避免你认为我们在为谷歌做广告，或者更有幸地你认为我们是谷歌的股东，此处指明一点，其他搜索引擎与门户网站同样提供类似服务。——作者注

行购买的消费者，又为企业制造了多少收益。**无论你是大公司的营销经理，还是试图通过展示分析能力给客户留下深刻印象的营销顾问，或者是每一份营销资金都自己偿付的独立业主，你都可以利用上述的分析系统。**

时间就是商机

一份设计合理的时间段分析能够为你提供一幅营销地图，从中你可以越过时间，准确定位网上购物者的动态接触点。此外，这张地图还可以帮助你测试信息——接触点——的最佳运行模式。

连续购物

本书强调的购物经历，能够被划分入不同的时间段之内。我们所指的时间段，由从意识经试用到忠诚消费所构成的传统营销连续体，如图 8—1 所示。

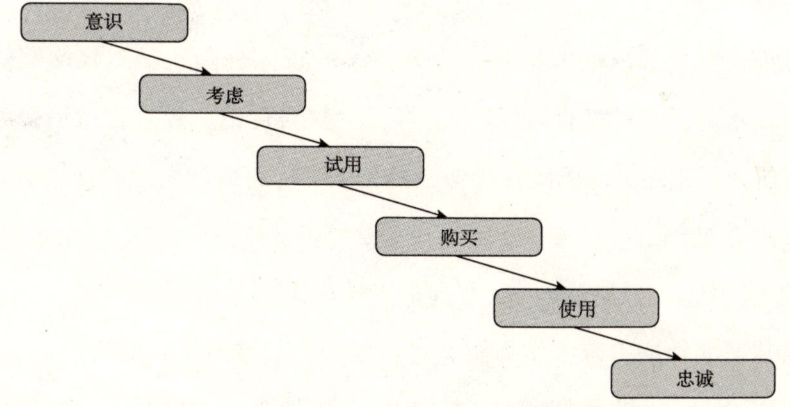

图 8—1　购物行为时间段：详细的连续购物过程

这一连续体，有时会因为试用、购买、使用被合并为一个购买决定而受到压缩。但是，由本书立意出发，我们需要打破这一连续体，将其分割为几个可测算的阶段。**本书所要传达的关键信息之一，正在于对这些分析中所产生的时间紧迫感加以约束，同时对伴随产生的投资与收益额加以量化。**本书的第 7 章和第 9 章，正是以各时间段内的测算方法与预算为主题展开的。

当然，很少有企业可以完全依赖互联网进行营销传播；但是，应用诸如赞助商链接与易统天下（ClickTracks）系统的关键问题是，消费者上线购物时所用的秒表，可以完全投射于其下线时所用的秒表之上。即人们在考虑购买时，大至厨房装修小到周年纪念用花，无论线上线下，都可以在做出购买决定之前的相同时间里，开始他们的购物之旅。

时间就是商机

尽管任何商业模式都需要在不包含自身网站的许多地方设置接触点，但你仍需要传统的媒介来告知营销地点，同时也需要网络分析的方法来告诉你什么时间营销效力最大。

意识到需要采取一些措施来完善持续的媒体分割状况，媒体销售人员近年来一直着力于“整合营销”的推广。**“整合营销”建立在对消费者媒体习惯的研究基础之上，以网络为依托的公司可以有效利用此种营销模式，为其网络广告造势。**如图 8—2 所示，这张“新媒体日”图表，通过 MSN 这一大力的网络广告推行者，成为汽车工业网络宣传的主旋律之一。借助当今高度普及的搜索引擎，作为浏览者，如果你谷歌一下“估价意识”，那么由 MSN 向南加利福尼亚汽车工业 2004 年度高管峰会（Southern California Automotive Executive Summit 2004）提交的全部幻灯片展示，将排名第 11 位——是的，11 位——榜上有名！

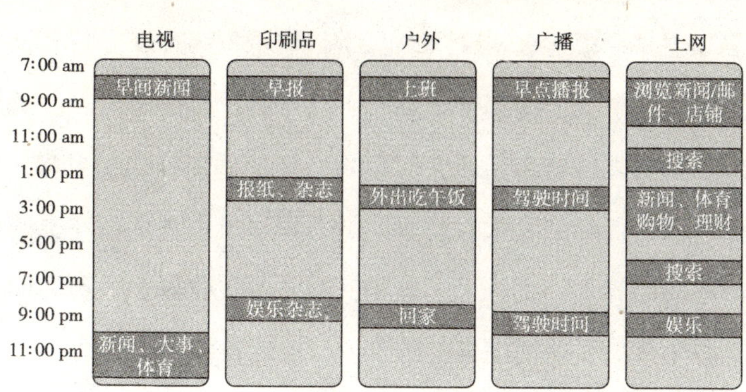

图 8—2　“新媒体日”

现在抛开所有情况，让我们回到图 8—1 所展示的传统购物行为的连续时间段上。面对这一连续的动态过程，营销商通常的做法是应用“营销策略组合”，而其资本流动也基本如此。由于不能够精确计算实际投入的回报率，营销商常常应用类似下图 8—3 的图示。

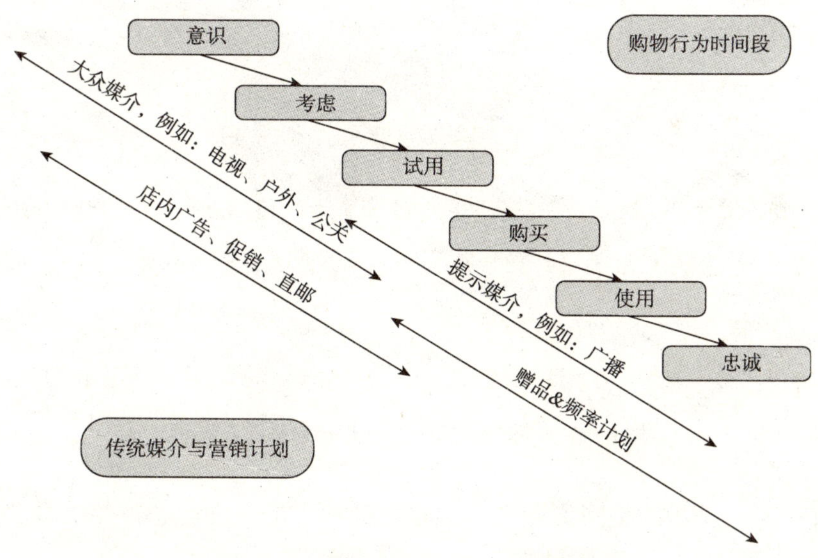

图 8—3　购物行为时间段：传统营销路径

营销商的图表和我们此处的图表是一致的，可见描述（呈现给他们自己的老板）实际上是一项多么不精确的科学。注意每一种媒介与营销计划旁的箭头，暗示出（或者我们应当说承认？）其中有重叠的部分，由此得出的对于每一阶段上消费者购物行为的实际影响必然是不精确的。当然，大体上营销商都是以严谨、科学的方式对待事实的，比对于电视广告花费的计算以及对于意识影响的测算等。实际上，营销商通常都工作勤奋，努力回答其质疑者的质疑：去年我们在电视广告上的投入，能使我们获得什么回报呢?

那么现在，让我们一起来看一看，当营销者使用网络分析时，他们究竟能得到多少精确、有效的信息。图 8—4 中，我们仅仅引用广大网络分析软件与服务供应商中的一员 Fireclick，用其众多测算方式中的一部分信息，与购物行为时间段作比较分析。

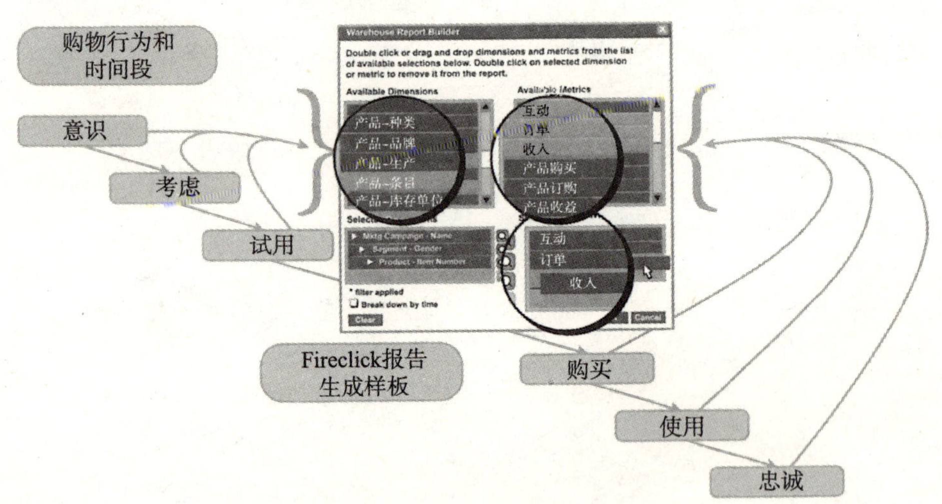

图 8—4　购物行为时间段：网络分析能力叠加

图 8—4 显示的是网络营销尝试在总结阶段的可测性。网络为我们提供的大量信息的两面性表现为，这些信息一方面可供分析之用，一方面也为精

明的营销商提供了匹配其消费者秒表转速的行动方向。如图 8—5 所示，像 Fireclick 这样的网络分析供应商，他们就能够从根本上提供一份阐明网页上每一栏影响力的分析报告。

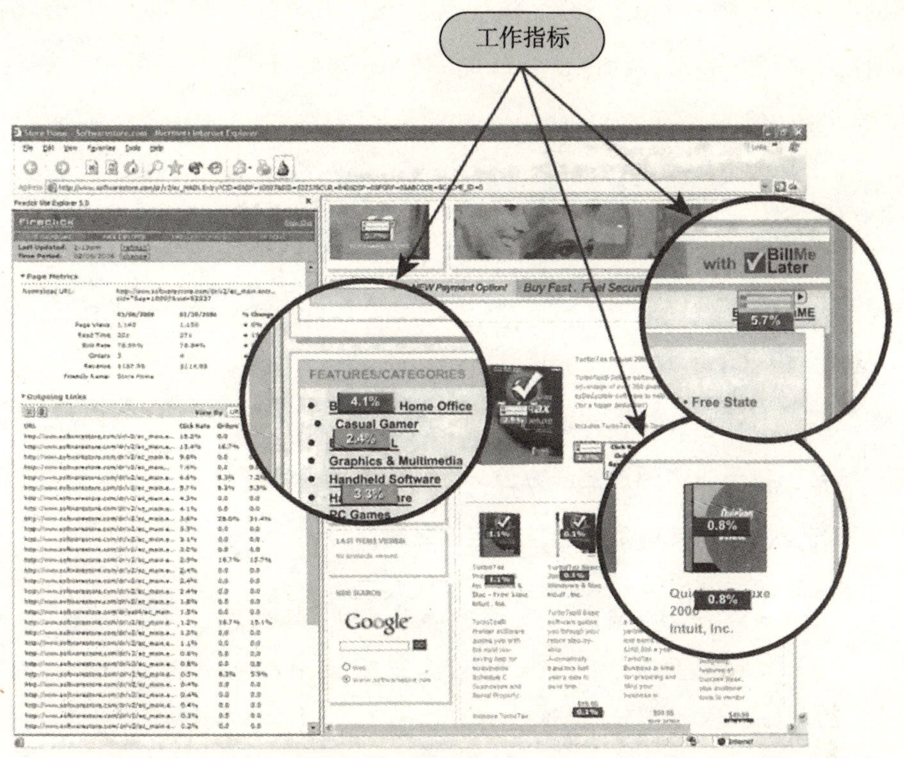

图 8—5　基于网络商业经验的工作指标：Fireclick 的“网络分析工具”

网络分析：成本与收益

了解什么在起作用，以及何时起作用，这仅仅是本书内容的一部分。任何一个需要在预算内工作的营销经理都明白这一点。**衡量秒表营销的价值，**

即意味着对成本的计算。探索的下一步在于经济学分析：鉴定每一个接触点的成本，同时在相互间进行比较。

当你测算并追踪到每一个接触点的回报率之后，你需要将这些数据与不同的消费者分区进行相互比照，这一点十分重要。之后，你可以制订并实施针对最高潜能消费群体的计划。你可以使用传统的分段方案（如人口统计学的方法、地理学的方法等），也可以使用新兴的网络分段方案（如火狐浏览器、移动设备、网址跳转等）。现隶属于视觉科学有限责任公司（Visual Sciences LLC）的 WebSideStory，是另一家主要的网络分析软件供应商，其推出的“HBX 主要市场细分”（HBX Active Segmentation）软件，就是一款针对上述目标的产品。

然而，上述只是传统的或基于网络的细分方案。**网络分析与秒表营销的真正结合，在于当你通过矩阵方位分区、通过浏览者对你（你公司）网页的点击率与交易量追踪消费者的象限定位之时。**

> 例如，假设你确定冲动型购物象限内的消费者具有最大的商业发掘潜力，他们能够承担你的最大化利润与最高收益的产品。如果这时你希望能够通过线上购物行为追踪他们，你就可以最优化所有冲动型消费者的网购经历，驱使他们不断地重复购买，直到完全成为这一产品的忠实用户。

但是这里我们需要提供一点建议，那就是要记得成功应用秒表营销测算的重要性。**没有比网络更好的测算工具了。**尤其对于小型企业而言，这并不需要任何我们前边所提到的复杂工具。任何人都不应当放弃的状态进程就是“来源互换”（source conversion）——一种网站指示，先于访客进入网站系统。同样，每一位营销者都能够从简单的数据测算，比如“弹出率”（单页访客或一分钟访客——从全部访客中分离出）中获得许多信息。制成图表后你会发现,弹出率反映出访客究竟花了大量（弹出率通常下降）还是少量（弹出率通常上升）时间购物，同时告诉你减少单页访客人数，则会提高相应指标。

时间就是商机

这里应当给予重点关注、与方向或者趋势有关的关键测量点是：你的网站与你的营销策略，提高还是减弱了计划的有效性、消费者的产品忠诚度以及公司的收入？持续的追踪比精确的测算重要得多。

网络分析与其他许多事情一样，完美永远是最好的敌人，花一年时间测算与购买相联系的不太完美的购物活动，远比花同样的一年时间，测算什么才是应当追踪的绝对完美的购物活动更好；使用不太精确的代理主机测算购物时间，同时测算其一年中有无增减，比用一年的时间找一台更好的主机强上百倍；一年中坚持每天用沙漏计时，总好过苦等九个月直到能买得起数码计时器。

为了使上述一切起作用，营销者有必要同某人或某一团队签约，进行全天的数据分析、转换测试，（实时）修订其目标消费群的实际线上购物体验。尽管这或许会导致总开销的增加，但我们相信这是十分值得的。

不像品牌经理花费数小时时间制订毫无把握的媒体计划、约见广告代理商、与焦点小组成员沟通等，营销经理能够积极主动地掌控商业局面，通过影响消费者所接收的实际信息、接收信息的时间、接收信息的方式等，从某一给定消费者分区中获取利润率，通过严密的秒表测算浏览率、点击率等，以此追踪/驱使消费者，而所有的这些方式都可以完结交易、保有消费者对产品的忠诚度。

探索，当然仅仅是行动的第一步；激活秒表营销策略，包括在你的企业内部建立一批忠实的产品用户，他们将证实你在探索中的发现，将是我们下一章的论述主题。

第9章 STOPWATCH MARKETING 倒计时预算，配置营销资源

- 作为一名管理者，你的关键职责正在于，将营销预算分配到那些最具收益的产品上。
- 为了依据秒表营销策略配置资源，你需要将有效营销预算与秒表影响力相结合。
- 投入最大的影响力拨慢消费者的秒表；在整个交易过程中使最大量的消费者最终购买产品。

本书前面的章节，主要探讨了如何通过时间的测算，确定消费者的购物行为，以及如何确定这些行为所属的不同分区。在本书的最后两章，我们的探讨将从描写与诊断式转向说明式：**如何为理论的应用做预算，以及如何构建秒表营销方案**。任何一家企业，当然最重要的是你的企业，在应用秒表营销策略时，都必然受限于手边的可利用资源，即我们所称的预算。**作为一名管理者，你的关键职责恰恰在于，将这些资源分配到那些最具利润率收益的产品上**。同时，谨防遗忘，我们在此首先指明，配置秒表营销资源的责任更在于你，而不仅仅是简单的营销预算问题；并且这一问题也绝非单纯将预算分配到最有效渠道那么简单。在将秒表营销策略应用于具体预算的过程中，你不仅需要将资源分配到其最具影响力的地方，更要将其分配到最具影响力的时刻。

基本原则

根据秒表营销策略，为了将我们的注意力转移到资源配置上来，我们需要首先了解两个基本概念。

● **秒表影响力**

一种能力，在任一给定时间段内，都能够通过发掘某一特定接触点，或通过建立一系列有利于营销的接触点，对行为进行改善；即一种通过在具体接触点使用敏锐的洞察力（通过探索的过程得到），增强消费者对你产品的喜爱程度从而完成交易活动的能力。

● **回报率调整**

一种能力，能够以承受得起的价格，获得影响力；即能够通过某一具体接触点上的营销举措，制造积极的投资回报率的能力。

理想条件下，你可以创造一个动态量化的模型以完成资源配置。这一模型包含第 7 章中用到的一些调研技巧，比如：

- 秒表影响力的比重；
- 美元 / 消费者 / 交易的比重；
- 每个接触点的成本；
- 指向某一接触点的可用营销策略的说服力。

深入发展量化模型之前，让我们先做一下简单回顾。回想秒表营销的基本构架：在消费者的秒表上，秒针向前走，倒计时最终做出购买决定的时刻。同时，秒针在这一虚拟的表盘上走动，越过了存在消费者 / 供应商接触点——营销尝试能够起作用的点——的不同时间段（意识 / 考虑 / 试用等）。本章的探讨重点是有效配置分散的营销资源，使其与最具影响力、最有效的接触点相结合。

在比较随意的会议上，我们把在咨询实践中用到的最有效的图表工具，称做“倒计时预算”。这一倒计时的比喻是巧妙的。将军事比喻用于商业上的做法让我们厌烦，根据我们的经验，那些认为“商业是战争”的主管其实对战争毫无概念。**根据秒表营销策略制定你自己的预算，这要求预算必须考虑到关键的接触点。**预算，可以按照军事策略的制定方式加以制定。那么参照军事术语，我们把购买者将信用卡交给商家的那一分钟称做攻击开始分钟（M-Minute），那一小时称做攻击开始小时（H-Hour），那一天称做攻击开始日（D–Day），近而把时间表上的所有接触点由远及近依次标记为 D–365（或更远），D–30 和 D–7[①]。在我们看来，这些语言学上的小花招别具意义。它们不是鼓励雇员植树节销售大战，或者研发更多更好的小产品的鼓动性工具。同样，它们也不是销售经理向其团队做“兄弟连”演讲的工具。**它们关心的是消费者行为。**

| 倒计时预算 |

这一方法是一个有用的“启动式”预算工具，适用于任何应用秒表营销策略的人。下面是一个说明其如何运作的例子：第 7 章的调研使我们清晰地看到，**消费者从意识阶段到对交易的考虑直到完全忠实于某一产品全过程的时间花费总量；即消费者秒表的型号。**有时，营销者也用连续的时间段对此加以描述：

意识

考虑

① 分别指攻击开始前一年、攻击开始前一月、攻击开始前一周。——译者注

试用

购买

使用

忠诚

为了依据秒表营销原则配置资源，你需要将有效营销预算与秒表影响力相结合。因此，如果在试用时间段，你的产品拥有30%的秒表影响力，那么，就应当有30%的有效营销预算被分配到该时间段内。

在每一个“时间段”，我们都希望消费者采取的行动（进入下一时间段）决定着营销目标，这一点很关键：如果消费者在D–365的行动仅仅是开始意识到某种购买需求，那么在那一天/在秒表的那一个点上，我们的营销目标就应该是“激发这一意识”。如果消费者在D–30时间段上的行动为考虑不同购物选择，那么在那一天/在秒表的那一个点上，我们的营销目标就应该是确保该考虑过程中有我们的产品。

现在，比如激发意识这样的营销目标，我们就可以通过放置大量的潜在接触点将其实现；作为营销者，我们可以利用营销活动。从激发意识考虑，潜在的接触点包括传统的媒体广告、赞助广告、实体零售点或零售区域、宣传等。进而，为了实现激励试用的目标（此时的目标时间段是“试用”），可以设置潜在的接触点，包括产品体验、礼券、打折等①。

我们建议，每年当你开始制定营销预算的时候，都列出如表9—1的一张表。

---

① 请注意，尽管强调礼券与产品体验可能使消费者感觉到产品偏见的存在，但这一概念实际在每一分区内都是相同的：“体验”吉列包括派送上百万的新剃须刀；对车商而言，产品体验是传统的“试驾”；而在零售店，则意味着快速翻阅、试穿或者品尝（比如在书店、红酒店或冰激凌店）。

表 9—1　　营销预算配置表（一）

A	B	C
倒计时	时间段 / 营销目标	潜在接触点
D–365	意识	电视广告 电台广告 户外广告 体育赞助 宣传
D–30	考虑	媒体广告 直邮 赞助商链接 / 互联网
D–10	试用	产品体验 礼券 打折 赞助商链接 / 互联网
D–Day	购买	店内促销 打折活动 赞助商链接 / 互联网
D+1	使用	提醒广告 售后服务
D+10……	忠诚	忠诚 / 定点项目储藏

上述配置中，A 栏的各项在第 7 章的调研中已作详细说明。确定目标消费者、鉴定其具体象限内的购物态度与购物行为，这是探索过程所承诺实现的。同样，C 栏中的具体内容也将随不同的商业类型而发生变化，具体视商业实践、商业历史，以及最重要的消费者在你产品象限内的消费习惯与行为（调研中有所显示）而定。B 栏的内容，基本适用于所有品牌（所有商业类型），不同商业类型在具体的语言表述上可能稍有出入。

但工作到这里远没有结束。这里，我们确定了购物象限、秒表（上表 A 栏）、依秒表而定的每一重要时间段内的营销目标（B栏），以及每一象限内的潜在接触点或营销活动（C栏）。但在最终形成预算配置前，仍需对表9—1做几项补充（如表9—2所示）。

表9—2　　营销预算配置表（二）

A	B	C	D	E	F=D/E
倒计时	时间段/营销目标	潜在接触点	秒表影响力百分比（%）	预算分配比重（%）	回报率
D–365	意识	电视广告 电台广告 户外广告 体育赞助 宣传			
D–30	考虑	媒体广告 直邮 赞助商链接/互联网			
D–10	试用	产品体验 礼券 打折 赞助商链接/互联网			
D–Day	初次购买	店内促销 打折活动 赞助商链接/互联网			
D+1	使用	提醒广告 售后服务			
D+10……	忠诚	忠诚/定点项目储藏			

D栏可以填充第7章的调研结果，或者之前由媒介/市场调研与行业知识所得到的数据。回忆一下上文量化发现步骤2中的问题（3~6题），有些问题能够为秒表影响力（某一时间段内有效影响消费者行为的能力）带来启发。我们同样注意到，你或许希望将大量的相关行业知识与之前的调研

结果，一起融入到有效的营销活动当中，因此需要在 D 栏中填入百分比结果。这里把总的秒表影响力看做 100%。

现在，表 9—2 的逻辑应当相当清楚了：如果根据我们的调研和经验，试用阶段的秒表影响力为 30%，同时该阶段发生在 D–10，那么我们应当给其分派有效营销预算的 30% 进行试用，目的（尽最大能力）是在消费者打算购买的提前十天，就确定购买你的产品。

在 E 栏中填入你有效营销预算的百分比。比如前面的例子（试用阶段，30% 的购买决定受到影响），如果你只分配 10% 的预算到试用阶段（接触点位于 B 栏），则会造成不合理的配置。简单地说，就是对于秒表的这一部分，你只投入了应投入预算的 1/3。最后是 F 栏，该栏提供了一种简单测算不合理配置的方法。如果 F 等于 D（秒表影响力百分比）与 E（营销预算百分比）相除的结果；如果 $F > 1$，说明你在此点的投入过少，相反，如果 $F < 1$，则说明投入过大。

预算配置示例

现在让我们来看一个具体的例子。首先假设，对某一产品或服务的电视广告投入占据你总营销预算的 60%。而后假设，你的市场调研显示，相当比重的秒表影响力（30%）发生在试用阶段。这是有可能的，比如在汽车市场，商家往往投入数十亿美元进行媒体宣传，但在改善代理商处的顾客购物体验方面却花费甚少（由汽车制造商承担这部分费用）。这种情况下，你的原始预算配置表格应当如表 9—3 所示。

表 9—3　　营销预算配置表（三）

A	B	C	D	E	F=D/E
倒计时	时间段 / 营销目标	潜在接触点	秒表影响力百分比（%）	营销预算百分比（%）	回报率
D–365	意识	电视广告 电台广告 户外广告 体育赞助 宣传	15	60	0.25
D–30	考虑	媒体广告 直邮 赞助商链接 / 互联网	30	10	3.00
D - 10	试用	产品体验 礼券 打折 赞助商链接 / 互联网	30	15	2.00
D–Day	购买	店内促销 打折活动 赞助商链接 / 互联网	15	10	1.50
D + 1	使用	提醒广告 售后服务	5	5	1.00
D + 10……	忠诚	忠诚 / 定点项目储藏	5	0	不可用

资源配置的不合理性在 F 栏一览无余：在一个接触点上投入 60% 的资金，却只对购买决定的形成起到 15% 的影响作用，最终的回报率只有 0.25。如此精确的分析，可以促使营销人员将投入在媒体宣传上的大量资金，向诸如直邮以及网络广告等更具回报率的宣传媒介（接触点）上转移。根据我们的经验，预算配置上的这种转移，已经开始在某些行业中进行——今天的营销人员，会从直觉上认同沃纳梅克先生（John Wonamaker）曾经的话：

> 我投入在广告上的钱，有一半都浪费掉了；但问题的关键是，我不知道浪费掉的是哪一半。

而秒表营销正是一种量化这一直觉的方法。首先，你需要确定目标消费者、其秒表，以及其购物类型所在象限。其次，我们需要按照具体的时间配置确定接触点。此处即指天数（A 栏）与对应的适当的营销目标（B 栏）。然后，我们依据相应的秒表影响力百分比完成 D 栏，并对有效营销投入份额（E 栏）与秒表影响力份额进行比较。在上述例子中，如果你希望更有效地分配预算，你可能会板着脸说："看，我们在考虑过程和试用阶段的投入有 3 处不合适，而我们在媒体宣传上的投入也有 4 处不当！让我们做点改变吧。"

现在给你一个更具体的例子。想想看，市场调研的首要目标，是根据你所处象限的具体情况绘制 A、B、C 栏。通过营销部门、广告代理商或公关公司及咨询顾问，经市场调研、象限位置以及 A、B 栏的数据，C 栏可以而且应当进一步完善。

此处做如下假设：

- 销售汽车——我们是汽车制造商，我们此时正关注某一汽车品牌。
- 我们的市场调研对我们所处的时间段做了相关的具体鉴别。鉴别如下：
  - A. 意识到我们的品牌
  - B. 网上搜索，从 3（2 或 4）家好的经销商中挑选一个
  - C. 访问 3 家经销商
  - D. 试驾
  - E. 购买
- 我们目标市场的 75% 正处于"意识"阶段。
- 其中的 40% 进入下一阶段，"上网搜索，挑选经销商"。

因此，除去这一点上不同的新情况，30% 目标消费者的秒表仍然在“上网搜索，挑选经销商”这一时间段上移动（40%×75%=30%）。

- 继续：

  A. 50% 考虑经销商的消费者会对 3 家经销商进行实际考察；

  B. 其中的 70% 会实际试驾我们的车；

  C. 试驾中的 30% 会真正买下我们的车（他们考察了 3 家经销商）。

因此，在营销预算不变的前提下，会产生如表 9—4 所示的结果。

表 9—4　　营销预算配置表（四）

目标消费者	A	B	C=A×B
	此时间段上目标消费者百分比（%）	进入下一时间段的目标消费者百分比（%）	全部时间段上秒表“都在走动”的目标消费者百分比（%）
分区	100.00	75	75.00
品牌意识	75.00	40	30.00
上网搜索，考虑不同经销商	30.00	50	15.00
访问 3 家经销商	15.00	70	10.50
试驾	10.50	30	3.15
购买	3.15		

现在，假设之前的市场调研与经验告诉我们如下信息：

- 媒体广告的有效性扩大——我们可以把意识的比重从 75% 增加到 77%；
- 直接的定向营销可以使由意识阶段进入“网络搜索，考虑经销商”的人群比例由 40% 增至 45%；
- 全面改进消费者在经销商处的购物体验，制定相关的营销策略，为经销商赢得一些声誉（比如雷克萨斯的营销策略），这些能够使由考虑阶段进入考察经销商阶段的人群比例由 50% 增至 75%；

- 由考察阶段进入试驾阶段，这一人群比例很难受到营销策略的影响——他们已经花时间到了汽车销售店。此时我们能够将人群比重由 70% 提升至 75%；
- 最后一点，通过打折、经销商培训、改善试车体验等，我们可以将由试驾进入到最终买车阶段的人群比例由 30% 提升至 40%。

所以，目前我们的分析结果如表 9—5 所示。

表 9—5 营销预算配置表（五）

目标消费者	A	B	C=A×B	D	E=B+D	F=E×A	
	此时间段上目标消费者百分比（%）	进入下一时间段的目标消费者百分比（%）	全部时间段上秒表“都在走动”的目标消费者百分比（%）	营销活动在此时间段上的影响力(%)	受营销影响进入下一时间段的消费者百分比（%）	受营销影响全部时间段上秒表都在走动的消费者百分比（%）	注释
分区	100.00	75	75.00	+2	77	77.00	加强意识非常困难
品牌意识	75.00	40	30.00	+5	45	33.75	目标营销人群都具有意识
上网搜索、考虑不同经销商	30.00	50	15.00	+25	75	22.50	改善经销商经验，以此为经销商赢得声誉，积极营销
访问 3 家经销商	15.00	70	10.50	+5	75	11.25	增加试驾人群比重相当困难——已经有 70%
试驾	10.50	30	3.15	+10	40	4.20	通过经销商、打折、创新增加比重
购买	3.15						

表 9—6 的分析包括计算秒表影响力的相对比重。

表 9—6　　　　营销预算配置表（六）

目标消费者	A	B	C=A×B	D	E=B+D	F=E×A	G=F–C	H G 栏比重索引
	此时间段上目标消费者百分比（%）	进入下一时间段的目标消费者百分比（%）	全部时间段上秒表“都在走动”的目标消费者百分比（%）	营销活动在此时间段上的影响力（%）	受营销影响进入下一时间段的消费者百分比（%）	受营销影响全部时间段上秒表都在走动的消费者百分比（%）	秒表营销影响力	秒表影响力百分比（%）
分区	100.00	75	75.00	+2	77	77.00	2.00	13
品牌意识	75.00	40	30.00	+5	45	33.75	3.75	25
上网搜索、考虑不同经销商	30.00	50	15.00	+25	75	22.50	7.50	50
访问 3 家经销商	15.00	70	10.50	+5	75	11.25	0.75	5
试驾	10.50	30	3.15	+10	40	4.20	1.05	7
购买	3.15							
总量							15.05	100

为了分析秒表影响力，你现在必须如本章开头所述，准备分配预算。例如，再次假设，如果在汽车制造商的原始预算中，需要投入 60% 到诸如媒体广告的消费者意识构建上，那么你的原始预算分配应当如表 9—7 所示。

表 9—7　　　　营销预算配置表（七）

A	B	C	D	E	F=D/E
倒计时	时间段 / 营销目标	潜在接触点	秒表影响力百分比（从上表 H 栏的分析得出）（%）	营销预算配置百分比（示例）（%）	回报率

续前表

D–365	品牌意识	电视广告 电台广告 户外广告 体育赞助 宣传	13	60	0.22
D–30	网上搜索、考虑经销商	直邮 赞助商链接 / 互联网 媒体广告	25	10	2.50
D–10	访问 3 家专卖店	经销商培训 改善经销商经验 & 联合广告 赞助商链接 / 互联网	50	15	3.33
D–10	试驾	经销商培训 改善经销商经验	5	10	0.50
D–Day	购买	店内促销 打折活动 赞助商链接 / 互联网	7	5	1.40

不要忘记，上述初步预算决定——投入 60% 资金到构建消费者意识上，可能是适当的，但却并不一定容易。许多企业都无法实现这种零基预算（zero-based budgeting），在这一预算过程中，营销预算中每一预算阶段的每一分钱（不只是每一分增量的钱），都需要使用得当。它是组织化动态过程的可预知结果：因为企业的每一次营销活动都需要员工的执行，所以全部的营销活动就造就了一批忠实拥护这一营销手段的员工。通常情况下，负责电视广告的总管不仅认为电视广告的重要性毋庸置疑，而且还不断自我巩固这一认识。同样的情况也发生在推崇营销商创新、促销以及有计划地推销的管理者身上。虽然销售部总是竞争惨烈，但至少它们都需要企业资源的支持，因此任何一项新的营销活动如果没有企业员工的赞成和支持都很难实施。

因此，**营销人员应尽量使用精确数据构建上述表格框架，应用相关信息**

与发现，尽可能大胆地努力使预算分配趋于完美——使 F 栏中的数字尽量向 1.00 靠近。我们看到，并非所有的营销人员都拥有时间和预算，借此完成第 7 章中的广泛调研。探索红酒店小额预算的运作案例，给了我们重要且具有建设性的答案。任何情况下，无论你拥有大笔调研预算还是小额调研预算，甚至完全没有调研资金，我们都建议你采纳上述建议。即使你的企业“没有调研预算”，但你仍然具备多年的行业经验与洞察力，它们使你能够填写上述表格并且拥有足够经验计算 F 栏数据。即使周围环境压抑，那么简单地看一看本章内容，让自己想一想秒表影响力的分配，也能够改变你的思维模式，重新思考自己的营销预算分配方案。

实际评估

最后，进入实际评估阶段：我们都明白，百分之百的完美使预算比重与秒表影响力百分比完全对应，这是不可能的。**F 栏的数据永远都不可能无限趋近于 1.00。**比如，电视广告费相当昂贵，因此在许多行业（比如汽车行业），其重要地位无可质疑。行业历史、行业实践以及思维惯性，有可能占据不切实际营销预算的很大比重。同样，可利用“新媒介”的数量也十分微小。对于大企业而言，要它们把资金完全转移到我们分析时所提到的区域中，是完全没有可能的。“保持原有资金投入”也许是经销商、批发商等持续接收到的要求，当然这也得依不同行业而定。综上所述，我们的立场是：

- 首先，你需要一定学科的科学方法重新分配预算以融入时代的洪流，比如时间贫乏度、互联网的兴起、分散的媒体形式，以及其他一些连帕科 • 昂德希尔（Paco

Underhill）[1] 也尚未确定的购物环境的变迁。如果再没有其他影响因素，预算总是需要在竞争的压力下进行再分配，比如竞争产品的面世。

- 其次，如果你继续以往的预算资金投入模式，那么你就忽略了时代的发展趋势以及竞争的侵袭，但更为重要的一点，亦即本书的精髓在于：消费者会受其自身内在秒表的牵制。
- 再次，应用本章所提出的秒表营销原则以及预算分配方式，将最大程度为你提供一个真实的学科依据，至少使营销预算的分配过程，开始向着更高利润率的方向前进。

回报率计算方式

下面，我们会在一个非常理论化的层面，大致介绍一种更加量化、以回报率/利润率为目的的预算分配方式。如果下列陈述符合你的处境，你大可以跳过这几页，直接阅读本章的结尾部分。

- 我没有营销调研预算，但拥有丰富的营销经验与洞察力。我已经准备好了应用上述秒表营销策略。
- 我能够筹措到少量的营销调研预算，并且能够像探索红酒店一样，通过使用一些秒表营销策略而非直觉，获取更多信息。
- 虽然我拥有足够的营销调研预算，能够构建本章所示的象限与预算分配方式，但我不喜欢数学计算，让我计算回报率就是让我吃安眠药！

---

① 全球著名消费行为学家。——译者注

但是，如果你和我们的那些拥有足够预算资金、受利益驱使的客户拥有共同点，那么以下对于回报率计算方法的说明，就绝对适合于你。

假设，在购买决定做出的某一个时刻，秒表影响力也恰恰产生作用。继续这一假设，这时消费者的购物秒表指针刚好停止转动。秒表上的每一确定时刻，理论上都可通过下述公式进行简单计算：

$$(TSL * LTV) / TC = ROSMI$$

其中：

TSL = 秒表影响力接触点

LTV = 目标消费者的终身估价

TC = 接触点成本

ROSMI = 秒表营销投资回报

为了使这一传统的回报率模型切实产生效力，我们仅需对每一接触点上的成功营销案例，进行资金上的量化分析。其中，秒表影响力接触点以百分数表示。简而言之，如果给定点上的消费者秒表占据秒表影响力总量的 30%，消费者对交易额的估价为 500 美元，此接触点上成功营销的成本为 135 美元，则秒表营销投资回报率为 11%：

$$(30\% \times \$500) / \$135 = 1.11$$

对于那些不熟悉终身估价这一术语的读者，我们给出一个例子。

> 一个轮胎消费者购买一只备用轮胎的平均花费为 500 美金，但他不会再买这种轮胎，因为他更换汽车的速度高于更换轮胎：终身估价 = \$500。一个健康食品超市的消费者每月在该超市花费 150 美金，这一消费行为一直延续，直到 7 年后他退休搬到一处偏远地区：终身估价 = \$150×12×

7= $12 600。当然，12 600这一数据应当随现值做相应变更，不过本书毕竟不是一本专业的金融营销书籍。

但是，现实也并非如此简单，至少我们应当理清几个术语。累积影响力（cumulative leverage）是指秒表上剩余时间的倒数，用从倒计时开始时刻的时间总量的百分比的平方根表示；因此，一个为时两年的购物过程，比如对于就读大学的选择，其累积影响力，在决定做出的前30天为 $1-\sqrt{(1/24)}$，即约为80%。在决定做出的前一周为 $1/\sqrt{(1/104)}$，即约为90%。而在决定做出的前一天则为96%，即基本可以确定达成。

反过来，秒表影响力接触点（Touchpoint Stopwatch Leverage）或简称TSL，是指任意时间段内，一个决定潜在的受影响程度。大学招聘人员秒表影响力的10%，发生在申请者做出择校决定的前3周至前1周内，而在择校决定做出的一周，这一影响力降低到6%。

然而，一个两小时搜寻的累积影响力，比如为体操室大门找一把新锁，在最终决定形成前5分钟可达80%，1.2分钟可达90%。因此，**根据交易活动所处的象限不同，在某一具体时间接触点上，秒表影响力的大小会有很大不同。**粗略地讲，一个发生在为期3周的大学筛选过程中的量化行为，也可能同时发生在一个3分钟购买最新玛斯特挂锁的过程中。

回到定义当中。任何营销尝试的接触点成本（Touchpoint Cost）或称TC，即任何位于秒表购物路径上的接触点，都可以进行自我解读。用接触点成本除以消费者的终身估价（LTV）[①]，即得到秒表营销投资回报（Return on Stopwatch Marketing Investment），或称ROSMI，也就是任何营销尝试的真正收益。

① 大量的书籍以及网站，都提供有计算消费者终身估价的法则。——作者注

毋庸置疑，使用上述计算法则，需要严谨的思维与对资金/投资的良好掌控。理想条件下，你需要在每一个接触点投入资金，直到递减回报（diminishing returns）将微小的回报率（ROSMI）转变为0。

其中，有3个相当重要的因素，使我们的现实世界变得不再完美：

- 短期内（一年，甚至更短）预算的固定性；
- 工作的不稳定性；
- 你竞争对手的不可控制性与不可预测性。

因此，如果这本书的每位读者都立刻起身“奔向光明”，投入上百万进行消费者调查，根据秒表营销投资回报调整每一分钱的使用，我们将感到无比惊喜。

用最大的影响力促成购买决定的落实

然而，我们依然相信，你应当拥抱秒表营销的整体概念，将你所感知到的影响力，用于有效影响目标消费者的时间段决定，为你的老板构建成功营销的案例，掌握一些资金用于调研、测试、试验等。因为，随着你对消费者秒表动态过程越来越深入的了解，不断重新调整资金分配将成为一种必要之举。对此，我们提出以下几点建议：

- 确认消费者内在秒表对其的牵制力；
- 开始研究秒表的运动过程——假设运用第7章的焦点小组方式；
- 概述潜在的倒计时机制，确定目标消费者的时间段；

- 考量现行预算与上述 1~3 项数据结果间的一致度；
- 依据你的资金投入与目标消费者关键时间段的评估，调整资金投入顺序。

简而言之，**投入最大的影响力延长消费者秒表；在整个交易过程中使最大量的消费者最终购买产品。**

这也是本书下一章将要做的事情：离开研发部，走进市场。

第10章 STOPWATCH MARKETING 确定销售时机节点，制胜出击

- 制定秒表营销策略是一个必要的开端。
- 一个人不可能掌控他没有测算过的东西，在每一个商业领域中都是如此。
- 测算所有接触点出现的时间点，正是秒表营销策略的开端与结尾。

有些内科医生是极其高明的诊断专家：他们能够从简单的病症描述中，一眼看出病根。结合经验，我们也可以从一份好的诊断书中做出预测，即预知病情的后续发展状况。但是，仅仅拥有好的病情诊断与预测是远远不够的，我们还需要有好的治疗方法。

同样的道理也适用于商业领域。如果你一直阅读本书到这里，那么我们可以大胆推断，本书关于秒表营销策略为描述、预测消费者行为提供了一套有力分析工具的观点，你也是认同的。如果事实的确如此，或许本书可以到此为止了。然而，到此我们的客户并不满意，你也不会满意。你非常清楚自己消费者秒表的转速，但除非能够随意拨慢秒表，否则你就和青霉素问世前遇到猩红热的医生处境相同：你只能告诉病人症状持续的时间，但却无法控制这些症状的发生。

本章的主题正在于，控制上述病状的发生：启动，或者说运用前面章节中的分析，真正走入市场采取行动。在我们的咨询任务中，我们通常按照前后连贯的 3 个步骤开展营销计划：制订计划、完善计划以及执行计划。

首先是制订计划。在我们的方案中，制订的过程包括，将我们的发现最大程度地与其可能的后果相联系。无论小企业，还是财富 500 强的大公司，我们的所有客户都必须迈出这一步。即使像探索红酒店这样的小店铺，也必须如此。

制订探索红酒店营销计划

首先让我们再次回到第 7 章关于探索红酒店的象限分析（如图 10—1 所示）。

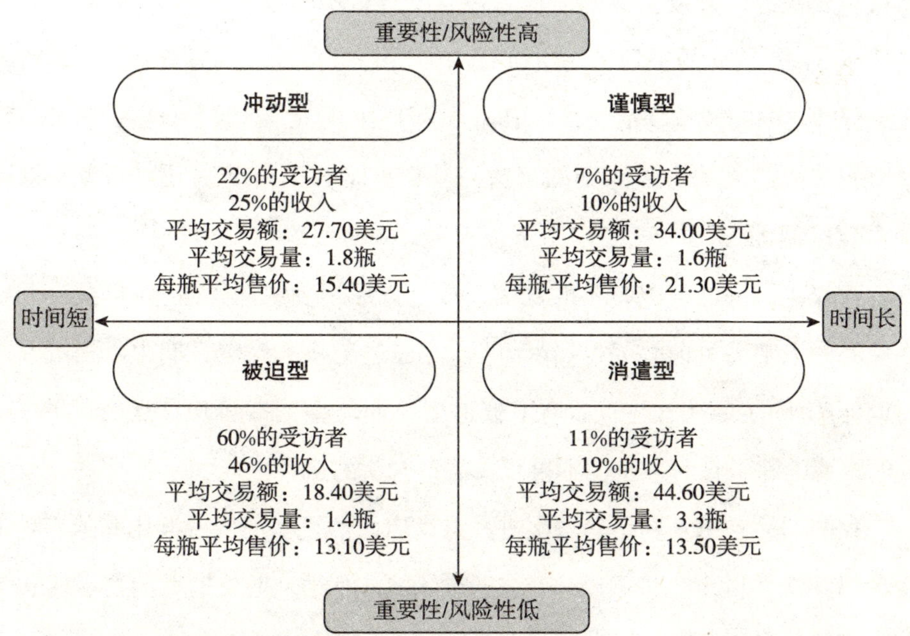

注意：矩阵象限内的某些数据，仅仅由极少数受访者数据得出。这些数据在本质上只能算作一种定性考察

基数：附带发票、问卷填写完整的受访者总人数（113）

图 10—1　探索红酒店购物矩阵

我们发现，该店绝大部分消费者的秒表（超过 80%）转速极快；82% 走

进该商店的消费者位于冲动型或被迫型象限。

就某种意义而言，上述发现表明，合适的营销策略应当与零售商店的这些特点相呼应。与汽车营销对应的长时间的品牌意识、品牌形象构建策略，在此显然不合时宜。相反，这里的购物行为——小巧的、飞速走动的秒表，需要一个着力于快捷的策略：开在合适时间（每一小时都是有价值的；如果可能，最好全天 24 小时营业）、合适地点（人流量越多越好的主路上；如果在纽约，这样的地方就是地铁站旁边或者安全但拥挤的步行街上）的店铺。实际上，因为我们发现，该店最大的消费者群体，被迫型消费者，不仅想要快速（大概半数的消费者在店里逗留不超过 5 分钟），而且希望花费低于 24.30 美元的平均价，所以我们的策略应当是告诉消费者，他们可以在 5 分钟之内完成购物活动，同时花费少于 20 美元。

诚如我们之前所注意到的，这一营销策略必须借助诱导消费者一次购买多瓶红酒的方法，直接作用于被迫型 / 冲动型购物类型。我们需要向消费者建议再买一瓶，以备不时之需，或者以后当礼物送人等。“再买一瓶给你关心的人吧”，即是一种营销策略。它通过免除不确定日期内、极端紧迫时间压力下的买酒之需，影响了被迫型与冲动型消费者快速运转的秒表；同时，也消除了日后产生“不再想买酒”念头的机会。

我们的另一个发现是，每次进入该商店，消遣型消费者都比其他三种消费者的花费多得多（买酒越多，花费越多）。因此，把被迫型消费者转化为消遣型消费者的举措，将为该店赢取更高的销售额与利润。而上述举措的成功实施，则需要使用店内促销、特别活动、常规品尝等促进被迫型向消遣型转变的营销策略。

在此，全食超市给了我们一个很好的例证，说明被迫型或冲动型购物行为向消遣型的转变不仅可能，而且还暗含可观的利润收益。但另一方面，这一转变的实现也是极其困难的，需要对全部购物类型进行重新建构。抛开这一颠覆性设想，考虑到购物矩阵，我们为客户提供的是更为切实的、推动被迫型购物向冲动型购物转变的营销策略，例如探索红酒店的营销策略，尽管这些策略略显急躁。既然红酒作为礼品比作为私人消费品售卖利润更可观，因此增加礼品酒的购买量就成为真正的利益因子。购买点暗示，比如“本月礼物”特价，能够促使低利润的被迫型购物，转变成为高利润的冲动型购物。

我们还发现，被迫型消费者人数是冲动型的3倍，而消费额却是冲动型的2/3。这里给我们的启发是，大胆营销，扩大送货上门业务范围，将其与发展中的网络/电子邮件服务相捆绑，以此追求冲动型市场。电子邮件与社区计划的信息，应当明显标明关键性及风险性事件。

此外，毋庸置疑的一点是，商店的销售额由决定买酒的消费者决定，而无论买何种酒，该决定一般在真正实施购买行为的两小时内形成。任何时候，当我们遇到一只转速飞快的秒表，我们也同样面对着消费者忠诚度的重大挑战；即使一个消费者需要在几小时内完成买酒行为，他同样会考虑换一家商店买酒。

时间就是商机

要给目前绝大多数消费者因一时冲动引发的决定变更设置障碍，可以使用的营销策略包括：运用鼓励性措施、奖励、大额折扣等奖励忠实顾客、鼓励其买更多的酒贮藏，以及与定期电子邮件、传统邮寄相结合的送货上门服务。

有时，不同的发现暗示着相同的营销策略。3/4 的现有消费者计划在家饮酒，无论是否有人相陪。因此，需要扩大送货上门服务，增强宣传力度，将其与发展中的网络 / 电子邮件服务相结合、以保持消费者的忠诚度，使这部分消费者保持心情愉悦，这样他们就不太可能转向我们的竞争对手。常规交流中，我们给出如下保持消费者满意度的建议：

- “今天晚餐需要酒吗？”促销计划——食品清单上突出显示两瓶酒；
- “一周酒品推荐，为你量身打造”折扣活动——这一活动中，探索红酒店的员工罗列了一张不同酒品的推荐单，例如周一配送寿司，周二配送意大利面；或者更为笼统地给出一张消费者喜爱食品清单，以此确保消费者总拥有一款合适的酒相搭配。通过额外的食品附送，该商店能够根据可能售空的配送菜品情况，自动得到某种营销暗示。

与此相关的一个显著的发现是，80% 的消费者是因为“看到了该店铺”才知道它的存在；其余另有 18% 的消费者从别人“口中”知道该红酒店。根据这一发现，我们给出 6 条“做与不做”的建议：

- 确保店铺四周与门前清洁、敞亮、有吸引力；
- 确保店铺的名称、电话、网址在尽可能大的范围内清晰可见，比如从街对面就能看到；
- 确保橱窗与店内的部分酒品从街上就能够看到；
- 不要投入过多资金用于消费者意识的构建，比如花大价钱做广播广告；
- 不要花更多的钱做黄页广告；

- 务必投入时间、精力、资金“拥抱”你的忠实顾客，同时制造路障使他们远离其他竞争对手的诱惑。此外，鼓励他们将探索红酒店的名字讲给其邻居朋友。

我们与探索红酒店的合作研究项目，显示出数十个这样的发现，这些发现从总体上巩固了现有消费群体的冲动本质，同时也从细节处强调了其冲动与被迫相叠加的本质。同时，这些发现也显示出我们在其他象限内的营销机会。回想一下，这些象限的界定并不以消费者买一瓶酒，或者某一次买酒行为的资金花费为依据。其花费只是我们的调研结果。**这里我们的意思是，谨慎型以及消遣型消费者的界定，以其在商店的金钱消费量为根据——他们在商店待得越久，他们的支出也就越大。**这一点的重要性，再怎么强调也不为过。探索红酒店的营销策略，应当致力于鼓励与诱导消费者在店里逗留更长时间，同时不破坏他们快速出入红酒店的选择权。

时间就是商机

每一次营销努力都必须致力于减慢秒表转速，扩大秒表覆盖面，并使消费者乐于投入更多的时间用于购物。当消费者花费更多时间（不论是计划买酒，还是在店内闲逛）买酒，他就会花费更多金钱买酒。

几乎对于每一位消费者（82% 的消费者属于被迫型或冲动型），探索红酒店都有机会，通过对其“快速”需求的影响，将其转变为一名忠诚的顾客（他们在该酒店的平均购买次数大于等于 6 次），同时通过增加收银台数量（增加至原来的 2.5 倍）来增强消费者的愉悦感，最终将其转变为一名消遣型消费者。

总体而言，营销方向应当是明确的。目前的多数消费者处于冲动型或被迫型购物象限，他们的秒表转速飞快，时间分区很少。**我们的重点营销目标应当是，延长秒表的运作时间，同时增加接触点数量。**

- 通过网络/电子邮件建立一个交流平台，探索前面我们曾经探讨过的网络分析的效力，将“了解更多酒品”（60%的受访者表示他们对此感兴趣）作为诱饵。
- 利用“了解更多酒品”的愿望实现更大程度的员工/消费者互动，运用红酒店的网络平台吸引消费者在店内逗留更长时间。
- 以比赛的形式策划更多“有趣”的活动，同时不破坏消费者的“快速”需求，这里可采取的活动包括阅读会、食品品尝、烹饪课；通过闭路电视监控系统播放体育比赛、股市行情、新闻；甚至咖啡吧。任何可以促使消费者在店里停留更长时间的举措，都是可以尝试的。甚至不用在意这些活动与红酒有无关联，只要活动满足了潜在购买者的需求，而不是吸引到非购买者、或活动本身娱乐性不够强而引来非购买者即可。
- 通过奖励忠诚消费者计划，阻碍消费者转向竞争对手。
- 施行（法律允许范围内，尽可能多地施行）送货上门、大额折扣、购买储存计划。

探索红酒店的行动计划，可以从时间段分析或者接触点的角度予以审视。致力于“意识”时间段的努力，结合可能的强有力口头传播，只能带来不高的回报率，因为秒表在此范围内的运作过于快速。一个合乎情理的推论是，曼哈顿的所有购物者拥有相似的行为模式：他们熟悉距离自己居住地及办公地点最近的红酒店，在需要用酒的当天做出购买决定，实际上，决定常常在实际购买行为发生前两小时内形成。

然而，从某种特殊意义出发，致力于“考虑”时间段的营销计划意义重大——我们对于刺激思考的兴趣，远没有对阻止考虑其他店铺的兴趣大，因为我们的消费者是受制于冲动情绪的被迫型以及冲动型消费者。购买储存、送货上门、建立沟通平台，这些我们所推荐的营销方法都倾向于影响考虑时间段，即使这些方法是以一种自我保护的姿态存在。或许，将这一时间段更名为“抢占”，在消费者靠近竞争对手收银台的时候，用它阻止消费者秒表的停滞，这样更好。

“试用”时间段使探索红酒店能够构建其未来商业区域，通过商业活动、促销以及不断地教育培训（调研表明此处存在明显的商业缺口）吸引更多的消遣型与谨慎型消费者。

因为打折以及其他快速促销手段不大可能在酒类行业中有所作为，所以即使在经营合法的范围内，购物时间段也是实际影响力作用最小的区域。秒表转速过快，从做出决定到实际购买行为的发生仅仅相隔两小时，因此，一个消费者在这个时间段中离开一家酒店转向另一家的可能性也相应减弱。

另一方面，“使用与忠诚”时间段给了我们极大的希望。尽管此时失去一名店内潜在消费者的风险很小，但失去其下一次进店买酒的可能性风险却相当大。出于同样的原因，如果此消费者进入竞争对手的店铺，他或她就可能在那里买酒。这里，我们建议你使用 3 项主动营销策略。

- 首先，我们建议你对员工实行具体的忠诚度激励方法，比如，销售额奖励与其他奖励，鼓励他们扩大自己对消费者的影响力，以使消费者不断到你的商店购物。
- 其次，我们提议建立消费者喜好数据库，一个消费者对应一个销售人员。

- 再次，我们建议将“阻止”活动更名为“维持家庭存货”等条目。因为我们的消费者多属于被迫型和冲动型，所以红酒店必须致力于贮藏、构建交流平台以及快速送货上门等服务。

理想情况下，“使用与忠诚”时间段内上述策略的最终结果，能够潜在地消除消费者想要进入实体店的欲望，除非店内真有娱乐性或教育性活动开展。此外，更重要的是，上述策略足以完全摧毁消费者想要进入其他红酒店的冲动。

在我们转向那些比探索红酒店的预算可观许多的公司，以它们的营销案例确定销售时机结点，制胜出击之前，还应当再次重申几个关键问题：小额预算的红酒店必须面对现实，它们从来不可能遇到一个不想赢得的消费者。因此，我们建议重点关注冲动型与被迫型购物象限内的消费者，一方面保护商家的特许经销权，另一方面在消遣型购物象限内构建商家的未来消费者群。

制订高预算公司营销计划

对于规模相对较大的公司，毫无例外我们的建议总是聚焦、聚焦、聚焦：**确定最大潜在消费者群的象限位置，重点关注如何使该群体发展壮大。**

在实际中这意味着，比如雷克萨斯这样的品牌，秒表发挥影响力的区域在谨慎型购物象限之内，全食超市在消遣型购物象限内，而固特异在冲动型购物象限内等。

以雷克萨斯为例，它位于汽车销售竞争市场的风口浪尖。通过分析雷克萨斯购买者手中的秒表，我们最显著的发现就是（然而这一点却往往最后才被意识到），意识根本就不是问题。

> 每年110亿美元的汽车广告投入，经过连续20年，每年投入增幅14%，其资金投入量超过了全美广告业的1/4，最终，每一位目标消费者都知道这一重要品牌；事实上，在一份2005年度的汽车广告调查报告中，博思艾伦咨询公司（Booz Allen Hamilton）的咨询师伊万·赫什（Evan Hirsh）与马克·施魏策尔（Mark Schweitzer）运用多种度量方法（许多得到拥护及实施的模型、市场占有率等）计算得出结论，为数众多的汽车制造商都曾经投入过高于“饱和点”（saturation point）的预算资金。这个“饱和点”的数额介于一个品牌的常规营销投入与过度投入额之间。

当然，上述并不指雷克萨斯。正如我们所看到的，雷克萨斯对这一发现是有所行动的。**它将购物连续体上意识时间段的营销资源，重新分配到与营销经验及售后服务相关的接触点上。**用秒表营销的术语来说，就是将资源从D–365再分配到D+10再往后。加强上述行动是一个无关发现，谨慎型消费者认为，在竞争对手处的汽车购车体验并不愉悦、甚至是极端恶劣，因此，我们应当把用于鼓励营销商的资金转移投入到加强消费者的购物体验上来。

同理，另一个关键性调研发现是，2/3的汽车购买者会在做出购买决定之前，花费大量时间进行网上信息搜索。或者更确切地说，网上搜索决定着他们是否会形成一个购买决定。这一发现给我们的行动启示是，**在秒表D–365时间段内，将用于意识构建的预算资金，重新分配到网上品牌的构建之中。**由于谨慎型消费者不仅在网上投入大量时间，同时也在购物体验上投入大量时间。所以，雷克萨斯制作出了提供最佳可能性与最吸引人产品的网站，利用网络开展最佳“原创设计”活动。实际上，谨慎型秒表的转速极其缓慢，谨慎型消费者也因此能够到达相应的多个接触点。

时间就是商机

在接近购买行为的时间段内，将注意力从对意识构建的评估，转向对多重接触点的评估，同时测算哪一类接触点具有最大的秒表影响力。在谨慎型购物象限内，多重接触点提供走出象限的机会，因此必须予以重视。

底特律汽车商多年的错误正在于，他们在意识构建与鼓励经销商方面的预算投入太多，而在品牌构建与改善消费者购物体验上的资金投入又太少。

当然，**提高零售经验是像全食超市这样规模的企业，在消遣型购物象限内取得商业成功所运用的核心策略**。或许有关全食的最基本发现正在于——全食并非独一无二的有机食品超级零售商——消费者在超市的时间越长，其花费以及对于高利润商品的花费就越多。任何有商业雄心的超市，其目标都显然应当是增加消费者在其超市的停留时间。

但是，与买车或买红酒相比，超市购物的选择随机性要大得多，因而把握其消费者秒表的难度也大得多。难度之一在于，尽管各象限内从有意识到忠诚的所有时间段里，都存在许多的有力接触点，但到目前为止，应用秒表营销原则的最佳策略，还要属影响交易本身所耗费的时间。这表明，最有力的营销行为，就是将所有可利用的资源，转移至倒计时预算的“使用”时间段上。

比如，虽然有消费者把每周的超市购物行程看做一种成本—— 一片需要逾越的沙漠——但是通过给予他们“通往绿洲”的指示，说服他们去超市也并非难事。换言之，“试用”时间段总是可以负担的。但是，如果想要消费者再次返回，那就必须给他们一片绿洲而不仅仅是指示的幻影，这也就是使用与忠诚时间段的任务。

早在约翰·麦基将其发现投入实践之前——很可能也是在其有任何成形发现之前，他就已经为全食超市确定了目标消费者群：富足、修养良好、有社会意识的人群。正如之前所论，其复杂精确的超市方位显示，获取更好收益的简单方法就是在大学附近建立超市，从人口状况与个人心理两方面，影响居住于大学社区内的人。潜在消费者越富足，他们就越乐意花钱娱乐；而受教育程度越高，受奖励（时间和金钱）越多，他们也就越愿意花钱购买有益于社会的产品：那些食品标签上标有各种天然有机成分，以及那些看起来只在化学实验室才存在的稀缺成分。

但以上关于消费者的发现中，有一点十分清晰，即使最热衷于天然食品的购物者，也会厌烦阅读成分说明之类的标签。对该发现所采取的行动，构成了全食整个营销策略优势的核心：**保证产品质量的最好方式，即简单地向消费者展示产品**。这一举措不仅仅意味着将购物过程中最无聊的部分减少到最小程度（使消费者能够花时间抽样体验食品，而不是分析它们），更意味着提高零售商的利润率。因为，全食超市不仅为供应商分销商品，更为其商品戴上质量过关的徽章，全食与其供应商相处融洽。全食的做法，一方面为各供应商的品牌经营带来了更大收益，另一方面也使其自身获益匪浅。全食越来越像是一个贵格派，来到新世界行善，最终也真的施善良多。

玛斯特锁是冲动型购物象限内秒表营销的成功典范，其营销策略的制定走的则是另一条路径。这里，关键的调研结果在于考虑时间段的绝对重要性。只有当需要替换锁或者有东西需要上锁时，购物行为才会发生。消费者购买的是安全，而非锁本身。玛斯特锁的目标消费者已经花了时间做消遣型或谨慎型消费者，购买双肩背包、船或者自行车。因此，在他们开始寻求安全保护之前，已经耗尽了各自的秒表。所以，我们的预算行动应当分配资金到这一（非常简短的）“考虑”时间段。在该时间段上，所有的接触点都位于销售点上。

处于冲动型购物象限，一旦发现意识的绝对重要性，你的营销方案就应当定位在：通过削弱购物者发现你竞争对手的能力，在销售点上赢得消费者秒表。玛斯特锁的营销关键在于，投入资金使其销售点不仅位于五金商店内（这里还可以找到其他品牌的锁具），而且使其销售点尽可能靠近需要加锁防护的产品旁边：比如出现在运动产品区的自行车锁，出现在汽车销售区的拖车锁。因为深知，对于冲动的锁具购买者，肯花费几分钟的购物时间已经弥足珍贵，所以玛斯特锁才取得了营销的成功。

实际上，该公司的相关调研——缺少竞争对手，意味着他们能够在低廉的售价上构建消费者意识——导致另一个明确聚焦购物秒表最后转动时刻的营销策略。为了将适当资源从“试用”与“忠诚”时间段转向“意识”时间段（保持意识接触点上拥有大量营销资源），公司推出了一些广告史上最短的广告片。最著名的是 1998 年的一秒钟广告，步枪子弹都无法击穿的玛斯特锁，在消费者心中留下了不可磨灭的印象。

面对被迫型购物象限内的位置，微软（其营销包括操作系统和办公软件两部分）做了两项相关调研。第一，对其在被迫型购物象限内的位置做出简单界定：人们其实并不真的想买这些东西；第二，人们并不是真的要购买操作系统和办公软件；他们只是在买计算机。或者说，他们也不是要买计算机本身，他们买的是处理事情的方式——工作、文字处理、打游戏、收发邮件等。微软最伟大的营销策略在于完全消除了购物行为——**通过对其操作系**

统与办公软件的捆绑和许可证派发，微软最终将其消费者的购物时间缩短至零。第5章中，我们曾对此做过详细描述。微软努力最小化消费者的“进入”成本，同时又最大化“离开”成本。在微软追求实现这一目标的所有营销策略中，最令人称道的就是承诺通过订阅《计算机世界》（低进入成本）免费附送Word，然而，如果你再想用Lotus的图解计算及其他特色软件替代微软的Word及Excel，则基本不可能（高离开成本）。

回顾图5—1，你会注意到，从“计算机操作系统”到“微软Windows操作系统”的移动是向北进行的（更高利润率、更多接触点——正如你所期望看到的，品牌营销商在努力尝试增加利润率），同时也向西移动（更快/更小的秒表）。这只是我们看到的（或者仅是本书中所描述的）此类营销策略中的个别案例。大部分情况下，我们的建议都是拨慢秒表，延长消费者考虑与购买我们产品的时间花费。为什么他们会买这个？相反，这一营销策略使那些真正想要购买操作系统或办公软件的消费者，必然拥有一块与众不同的慢速秒表——购买非微软产品需要花费大量时间、精力、思考、衡量利（“如果我用苹果或者Linux，人们会觉得我很酷”）弊（“我的操作系统可能与客户的无法兼容，这会使我失去一些不错的顾客”）。实际上，微软多年来一直都在向消费者灌输：“你们是被迫的。那么好，保持被迫状态。只不过，你们是和我们一起的”。

如果将微软这样追求发展壮大的企业的“包围、扩展再毁灭”的策略用于其他领域，同样能创造经典的营销案例。他们现在、未来，一直都在完全不同的象限内——消遣型购物象限和谨慎型购物象限——进行竞争，以期在未来领导游戏等产业。

四大完善步骤

制定秒表营销策略是一个必要的开端。但是，若想不断地应用该原则，仅仅制定策略还远远不够。鉴于谨慎型购物以大量的潜在接触点著称，一个基于全局的建议是定期检测所有营销策略。实际上，这可能正是对任何一位秒表营销者的普适建议；当我们会见客户时，我们称其为完善。

简而言之，完善需要采取 4 个步骤。

- 实施第 7 章建议的年度市场调研追踪（如果预算允许，启动与产品研发相当的资金；如果不允许，投入公司所能承担的最高限额资金），以此考察购物行为如何变化。
- 至少制定并追踪 3 次年度试验。我们所指的试验是，应用完全隔离的控制组和试验组，就某些基本活动进行独立测试。每一次试验应当用新方法对比现有方法（例如，互动与静态的销售点展示），或用新的媒介宣传途径对比已有途径。
- 运用全面的调研追踪和试验，标示营销策略在每一时间段内的影响力。这意味着，你应当在合适的位置使用量化追踪的方式。
- 每一预算 / 计划季度，修订秒表影响力矩阵。如果贵公司实行季度预算，你则需要按季度绘制新的矩阵。

毫无疑问，完善应得以确切地贯彻——我们强烈建议，你应当时时处于试验状态。每笔预算，都应当留出一部分资金，用于测试提升营销表现的新方法。**总之，我们建议，反复测试延长购物秒表的方法——增加消费者花费在考虑与挑选我们的产品与服务上的时间，直到最终购物行为的发生。**当然，不断的测试不仅保证了良好商业活动的进行，同时也保证了你良好的事业发展：当首席执行官看到竞争对手的营销手腕，找你来做自己的业绩评估时，你应当能够说："一年前，我们就已经对此做了相关调研与测试，这种方法是没有回报的。"

| 执行 |

对于秒表营销策略的执行，当然是上述一切行动的最终结果。如果事先已经有了适当程度的分析、资源配置、策略制定与完善，那么执行就是最没有悬念的一步。然而，实际情况是，执行往往成为最难以完成的步骤之一，原因正在于，在执行阶段，一个企业要投入比研究资金多得多的风险性资金。竞争领域的改变意味着商业领域的相应改变，而失败的执行则会进一步加快这种改变。

我们建议客户，只需围绕时间段与秒表影响力，重新组建其整个销售部、重新分配其预算，除此之外什么都不用做。企业往往会自然地抗拒这种危险式 / 奖励式的决定。传统的营销部门倾向于依据预算规划营销，而非依据消费者体验：一个部门负责全国广告，另一个负责鼓励经销商等。长期以来，营销人员都不得不"携带两套大部头书籍"——与传统度量学有关的预算以及持续追踪方法，比如市场占有率、广告意识、品牌嗜好、品牌形象和其他类似的条目。上述现象的产生至少源于两方面原因。

- 首先，这些传统方法是每个营销者及他们的老板从小耳濡目染的。"上季度我们的市场占有率如何？"诸如此类的问题，无论现在或是未来，都是每位工作满 6 个月的营销人员所熟悉的。

- 其次，更为重要的是，这些传统的度量学方法，仍然不失为很好的衡量员工业绩的杠杆。

从以秒表为聚焦点的测算方法出发，本书中的所有内容，都不会像传统的测算方法一样，被注解为一种完全无用的建议。恰恰相反，**我们的大部分建议，都致力于探索如何获取更明智、更有效、更可获益的市场份额、品牌偏好等一系列问题**。毕竟，经营业绩仍然是终极的业绩度量衡。

然而，我们一直所建议的是，更为重要的业绩评估方式，应当以秒表营销为焦点：在我们坐标内的时间花费、对我们售后活动的参与、经常性光顾、购物经历的享受度。

想一想固特异三线安殊轮。固特异对其这一革新性产品最初的营销策略，多集中于打造其成为一个“需求”子品牌。用秒表营销的术语，就是固特异致力于在“意识与考虑”时间段内，延长消费者秒表，驱使想要替换轮胎的消费者光顾轮胎店前预先形成购买决定，一旦进入商店，便立刻要求购买三线安殊轮；即一旦消费者进入轮胎售卖店，立刻加速秒表运转或停止秒表。

由此，我们给予固特异的建议，包括测算传统的“品牌嗜好”、“广告意识”（应当根据营销战的升级而增加），测算“在轮胎店的停留时间”（应当减少），同时结合以秒表为中心的测算方法，比如“比较不同品牌的时间花费”、“愿意投入的形成正确决定的时间”、“购买的重要性”、“做出一个糟糕决定的风险性”、“了解 / 理解该象限 / 技巧的程度”、“进店即询问的品牌”以及“通过经销商或销售人员的介绍，愿意改变决定的程度”。

按照秒表营销的定义，“最佳实践”不仅要求预算和追踪的方式，同时更需要每一时间段内有一位营销指挥，精通相关时间段内的具体营销活动。

一个聪明的秒表营销者，比如汽车行业的营销人员，需要在不同的时间段拥有意识指挥（Director of Awareness）、网络营销指挥（Director of Internet Marketing）、经销商特许权指挥（Director of Dealer Superiority）、经销商购物体验改善指挥（Director of Dealer Experience Enhancement）、试车体验改善指挥（Director of Test-Drive Enhancement）等。具体情况视不同公司与行业而定，但是原则——围绕重要时间段组织预算——仍然是最关键的需求。

根据我们的自身经验，按照秒表营销原则，唯有如此的秒表营销组织方式，才可以完全使预算生效。立足于第 9 章配置方式的基础之上，你应当根据时间段而非不同媒介，重新分配有效营销预算。是否了解投入于电视广告和网络广告的资金，这一点并不重要，重要的是要清楚投入于意识与零售体验二者之上的资金比例。

最后，你应当重新思考围绕秒表营销原则的相关报告及追踪的功能。一个人不可能掌控其没有测算过的东西，在每一个商业领域中都是如此这一点不言而喻——正如第 9 章所示，**我们必须经由时间段而非传统的报告标题，分析投资者与消费者对资金支出的反应。如果可以用一个主题概括整个的秒表营销，那就是，最关乎接触点的不是成本，而是接触点出现在何时。**而测算它们出现的时间点，正是所有秒表营销策略的开端与结尾。

将消费者的购物行为转变为最终的购买时刻

结尾部分，我们依然建议，**运用配置预算与量化追踪的方式，考察传统的成功营销策略与全新的营销策略，这对于你在探寻秒表营销策略中所面临的具体问题至关重要。**简单地说，虽然带着“两套大部头”看起来无聊，但是任何一名工作多年的营销者，都会记得他们也曾经有过同样的经历。例如，在包装消费品领域，最初的利润衡量来自工厂，且远远早于根据产品做出的利润衡量。即公司知道“6号车间”会产生利润，但是却不知道，除了6号，其他三个车间制造的洗衣粉或咖啡是否也有利可获。所以最终，衡量产品演变成衡量品牌，其间经历了一个痛苦而困难的思想转变过程。聪明的营销人员意识到，他们需要在横跨品牌与产品的消费者区域内，确定利润以及业绩。

走进20世纪80年代末，零售商力量的壮大引发了另一个主要的改变——消费者（指零售商或批发商）收益率成为一种必要的测算。这里我们并不是夸张：当时我们的一个客户，一家大型、精密、知名、资金充沛的消费品制造公司，很好地认识到，通过工厂、地理位置、产品、品牌以及消费时段，其拥有怎样的收益率。通过深刻而复杂的财务规划 / 净现值计算，他们能够详细地告诉我们其针对青少年消费群的营销正在取得回报。但是，他们并不清楚其面向沃尔玛（占其业务的20%）的销售是否能带来赢利。重新调整他们的信息管理系统，重新组织他们的销售与营销方式，以此获取更多的客户关系，这些举措是巨大的，也是艰难的，但最终也是有所收益的。

年长一些、曾经研究过20世纪80年代至90年代商业书籍的读者，你们可以回想一下，那个年代的商业畅销书所鼓吹的，正是客户关系。相关的建议包括，将整个消费者群（不只是销售人员，还包括信息技术产业、营销、客服、后勤等部门的员工）集中在阿肯色州本顿维（Bentonville），而不要把他们放在公司总部。我们今天再看这些或许会感到震惊，上述建议也同样令人震惊。

了解并直击正确区域，花大价钱以便更好地将自身运作和产品与诸如沃尔玛这样强大的消费者相融合，营销人员已经在很大程度上解决了上述问题。

我们在这里给出的建议，仍然是关于思想与策略的重要重组。让消费者一边面对手头大容量的可用信息，一边继续（有意识或无意识地）缩小自己秒表的统摄范畴、加快秒表转速。**营销者必须必需围绕主要时间段了解、追踪、营销，将消费者的购物行为转变为最终的购买时刻。达成上述目标，需要围绕上述时间段进行预算配置、组织营销。**

本书以对两个不同家庭的描述开篇：蓝女士与绿先生两家，各自计划自己的旅行。这一比喻非常真实贴切，秒表就在那里，看着蓝女士与绿先生以完全不同的速率运行它。现在，你可能早已明白，一家使用的是谨慎型购物秒表，另一家使用的则是冲动型购物秒表。根据描述，他们的行为应当不仅仅是依靠直觉百分之百正确，而且——经过本书 10 个章节的阐释——通过分析不同产品和服务的消费者们，他们来自于美国最大、最成功的制造商与零售商以及像街边红酒店一样的小型企业，更足以证明其正确性。

回到我们在第 1 章的旅行，毋庸置疑，无论是蓝女士还是绿先生考察过的酒店、航班、汽车出租公司，都在无形中使用着秒表营销的方法——预算、网络分析、资金分配以及测算。其目的都是将最有效的接触点，置于消费者的来路之上。读者可以自由猜测，哪些旅游行业用到了这些原则，哪些没有。

我们当然希望，你也将秒表营销当做一个有力的概念。本书中所提到的工具、分析构建和原则，均能够在你的机构内部应用与实施。并且，它们或多或少都会帮助你增进对自己产品或服务，以及自身目标消费者的了解，明白他们是如何、为何、何时做出购物决定的。更重要的是，我们希望你同样认为，了解了这些会有利于你最终的商业结果。

同时，我们也希望，对于这些原则是否能够为使用其的企业机构，提供重要、甚至是决定性竞争优势的质疑，本书能够给予彻底的解答。希望本书的全部解答过程，值得占用你的宝贵时间。

湛庐文化
Cheers Publishing

一切为了你的阅读价值

★ 你知道自己为阅读付出的最大成本是什么吗？
★ 你是否常常在读过一本书后，才发现不是自己要看的那一本？
★ 你是否常常发现很多书都是一时冲动买下，至今一字未读？
★ 你是否常常感慨书的价格太贵，两百多页，值四十多元钱吗？

阅读的最大成本

读者在选购图书的时候，往往把成本支出的焦点放在书价上，其实不然。

时间才是读者付出的最大阅读成本。

阅读的时间成本=选择花费的时间+阅读花费的时间+误读浪费的时间

选择合适的图书类别

目前市场上的**图书来源**可以分为**两大类，五小类：**

1. 引进图书：引进图书来源于国外出版公司，多从其他语种翻译成中文出版，反映国际发展现状，但与中国的实际结合较弱，其中包括三小类：

a）教科书：理论性较强，体系完整，但多为学科的基础知识，适合初入门的、需要系统了解一门学问的读者。

b）专业书：理论性、专业性均较强，需要读者拥有比较深厚的专业背景，阅读的目的是加深对一门学问的理解和认识。

c）大众书：理论性、专业性均不强，但普及性较强，贴近现实，实用可操作，适合一门学问的普通爱好者或实际操作者。

2. 本土图书：本土图书来源于中国的作者，反映中国的发展现状，与中国的实际结合较强，但国际视野和领先性与引进版相比较弱，其中包括两小类，可通过封面的作者署名来辨别：

a）“著”作：大多为作者亲笔写就，请读者认真阅读“作者简介”，并上网查询、验证其真实程度，一旦发现优秀的适合自己的作者，可以在今后的阅读生活中，多加留意并了解。

b）“编著”图书：汇编了大量图书中的内容，拼凑的痕迹较明显，建议读者仔细分辨，谨慎购买。

阅读的收益

阅读图书最大的收益，来自于获取知识后，**应用于**自己的**工作和生活**，获得品质的**改善和提升**，油然而生无限的**满足感**。

我们出版的所有图书，封底和书脊都有“湛庐文化”的标志

并归于两个品牌

找“小红帽”

为了便于读者在浩如烟海的书架陈列中清楚地找到我们，我们在每本图书的书脊上部47mm处，全部用红色标记，称之为——小红帽。同时，“小红帽”上标注“湛庐文化”字样，小红帽下方标注所属图书品牌名称。

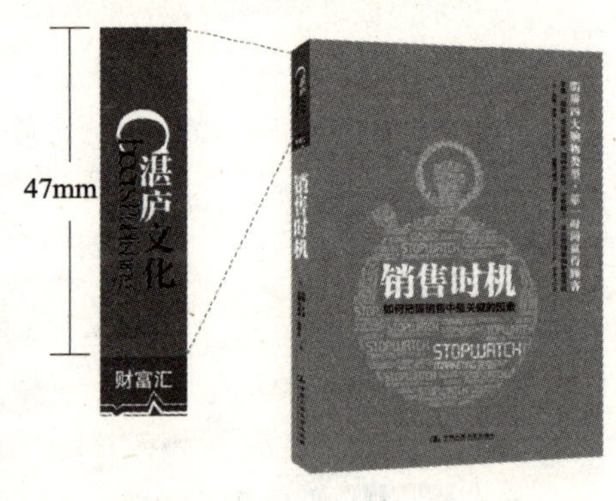

湛庐文化主力打造两个品牌：**财富汇**，致力于为商界人士提供国内外优秀的经济管理类图书；**心视界**，旨在通过心理学大师、心灵导师的专业指导为读者提供改善生活和心境的通路。

用轻型纸

你现在正在阅读的这本书所使用的是轻型纸，有白度低、质感好、韧性好、油墨吸收度高等特点，价格比一般的纸更贵。

关注阅读体验

我们目前所使用的字体、字号和行距，是在经过大量调查研究的基础上确定的，符合读者阅读感受。每页设计的字数可以在阅读疲劳周期的低谷到来之前，使读者稍作停顿，减轻读者的阅读疲劳，舒适的阅读感觉油然而生。

所有的一切都为了给你更好的阅读体验，代表着我们“十年磨一剑”的专注精神。我们希望湛庐能够成为你事业与生活中的伙伴，帮助你成就事业，拥有更为美好的生活。

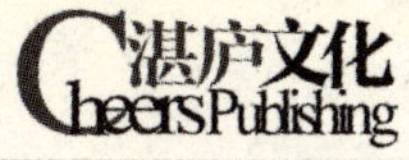

湛庐文化 2008-2011 年获奖书目

《牛奶可乐经济学》

国家图书馆"第四届文津奖"十本获奖图书之一，唯一获奖的商业类图书。
搜狐、《第一财经日报》2008 年十本最佳商业图书。
用经济学的眼光看待生活和工作，体验作为"经济学家"的美妙之处。

《大而不倒》

《金融时报》·高盛 2010 年度最佳商业图书入选作品。
美国《外交政策》杂志评选的全球思想家正在阅读的 20 本书之一。
蓝狮子·新浪 2010 年度十大最佳商业图书，《智囊悦读》2010 年度十大最具价值经管图书。
一部金融界的《2012》，一部丹·布朗式的鸿篇巨制。

《金融之王》

《金融时报》·高盛 2010 年度最佳商业图书。
蓝狮子 2011 年度十大最佳商业图书，《第一财经日报》2011 年度十大金融投资书籍。
权威透视国际金融界大佬在大萧条中的群像著作。
一部优美的人物传记，一部独特视角的经济金融史。

《富可敌国》

蓝狮子·《第一财经日报》2011 年度最佳金融商业图书。
《第一财经日报》2011 年度十大金融投资书籍。
源自 300 个小时的真实访谈，一部权威的对冲基金史。

《认知盈余》

2011 年度和讯华文财经图书大奖。
看"互联网革命最伟大的思考者"克莱·舍基如何开启无组织的时间力量。
看自由时间如何成就"有闲"世界，如何引领"有闲"经济与"有闲"商业的未来。

《微力无边》

2011 年度和讯华文财经图书大奖"最佳装帧设计奖"。
中国最早的社会化媒体营销研究者杜子建首部作品。
一部微博前传，半部营销后传。

《神话的力量》

《心理月刊》2011 年度最佳图书奖。
在诸神与英雄的世界中发现自我，当代神话学大师约瑟夫·坎贝尔毕生精髓之作。

《facebook 效应》

《金融时报》·高盛 2010 年度最佳商业图书入选作品。
蓝狮子·新浪 2010 年度十大最佳商业图书，《新智囊》2011 年度最具价值十大经管图书。
首度公开 facebook 非凡创业的 26 个细节，马克·扎克伯格及 40 多位核心高管倾情讲述。

《真实的幸福》

《职场》2010 年度最具阅读价值的 10 本职场书籍。
积极心理学之父马丁·塞利格曼扛鼎之作，哈佛最吸引人、最受欢迎的幸福课。

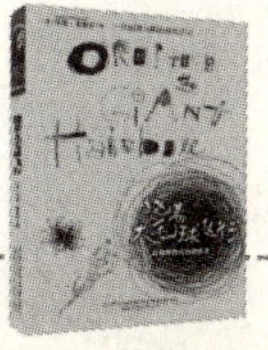

《绕着大毛球飞行》

蓝狮子·《职场》2011 年度最佳职场图书。
畅销 13 年的职场创意手册，贺曼贺卡公司创意总监倾情之作。

延伸阅读

《大客户销售：能力测试与成长》

◎ 著名营销及销售行为专家、最受推崇的销售教练孙路弘最新力作。

◎ 通过销售技能的进阶次序来逐步提升大客户销售的实力水平。

◎ 通过 110 道测试题逐渐掌握大客户销售的 10 大关键素质和 5 大关键技能。

《销售大师》

◎ 一网打尽全球 73 位顶级销售大师的销售心得。

◎ 来自一线销售的 11 个想法、13 个做法、9 个方法和 40 个故事。

《提问就是销售力》

◎ 帮你轻松攻克客户的拒绝态度和拖延战术，快速提升你的销售业绩。

◎ 亚马逊网站广受好评的五星级图书，读者评论："这正是我们需要的书。"

《销售的革命》

◎ 全球销售领域泰斗、SPIN 销售模式创始人雷克汉姆重磅之作。

◎ 为销售团队、销售管理带来划时代的革命。

《SPIN 销售高价成交》

◎ SPIN 销售模式创始人又一力作，价格竞争时代的高价成交策略圣经。

◎ 营销及消费行为专家孙路弘鼎力推荐。

Stopwatch marketing: take charge of the time when your customer decides to buy by John Rosen and AnnaMaria Turano.

ISBN 978-1-59184-194-4

This edition published by arrangement with Portfolio, a member of Penguin Group (USA) Inc.

图书在版编目（CIP）数据

销售时机 /（美）罗森，（美）图拉诺著；胡晨飞译 . —北京：中国人民大学出版社，2012

ISBN 978-7-300-16076-4

Ⅰ . ①销… Ⅱ . ①罗… ②图… ③胡… Ⅲ . ①市场营销学 Ⅳ . ① F713.50

中国版本图书馆 CIP 数据核字（2012）第 149886 号

销售时机

［美］约翰 • 罗森 安娜玛利亚 • 图拉诺 著

胡晨飞 译

Xiaoshou Shiji

出版发行	中国人民大学出版社		
社　址	北京中关村大街31号	邮政编码	100080
电　话	010-62511242（总编室）		010-62511398（质管部）
	010-82501766（邮购部）		010-62514148（门市部）
	010-62515195（发行公司）		010-62515275（盗版举报）
网　址	http:// www. crup. com. cn		
	http:// www. ttrnet. com（人大教研网）		
经　销	新华书店		
印　刷	北京中印联印务有限公司		
规　格	170 mm × 230 mm 16开本	版　次	2012 年 9 月第 1 版
印　张	16.75 插页3	印　次	2012 年 9 月第 1 次印刷
字　数	197 000	定　价	49.90 元

湛（zhàn）卢（lú）

铸剑大师欧冶子『十年磨一剑』，炼就了『天下第一剑』湛卢剑。

——《吴越春秋》记载